Quand je me suis arrêtée de manger

LÉA MAUCLÈRE

City
Poche

À mes parents.

Couverture : © plainpicture/Image Source

ISBN : 978-2-8246-0647-7
Code Hachette : 17 1994 3

Rayon : Témoignage / Santé
Collection dirigée par Christian English et Frédéric Thibaud

Catalogue et manuscrits : www.city-editions.com

Dépôt légal : août 2015
Imprimé en France par France Quercy - Mercuès - N° 50848/

[...]

On n'entend pas le cri qu'on a poussé soi-même ;
On sent les profondeurs qui s'emparent de vous ;
Les mains ne peuvent plus atteindre les genoux ;
On lève au ciel les yeux et l'on voit l'ombre horrible.
On est dans l'impalpable, on est dans l'invisible ;
Des souffles par moments passent dans cette nuit.
Puis on ne sent plus rien. — Pas un vent, pas un bruit,
Pas un souffle ; la mort, la nuit ; nulle rencontre ;
Rien, pas même une chute affreuse ne se montre.
Et l'on songe à la vie, au soleil, aux amours,
Et l'on pense toujours, et l'on tombe toujours !
Et le froid du néant lentement vous pénètre !
Vivants ! tomber, tomber, et tomber, sans connaître
Où l'on va, sans savoir où les autres s'en vont !
Une chute sans fin dans une nuit sans fond,
Voilà l'enfer.

Victor Hugo, « La vision de Dante »,
La Légende des siècles

Préambule

Depuis quelque temps, je ressens un besoin quasi vital d'écrire ce qu'il m'est arrivé au cours de ces dernières années pour trois bonnes raisons au moins. La première m'est personnelle.

Si j'entreprends aujourd'hui de coucher sur le papier ma courte histoire, c'est que je me trouve sur la très bonne voie de la guérison. Depuis dix ans, je n'avais quasiment rien écrit ; depuis dix ans, Léa n'appartenait plus au monde des vivants mais errait dans des sortes de limbes, comme suspendue entre la vie et la mort. Le récit que je commence ici est celui d'une longue et insidieuse maladie mais également celui d'une pénible mais réelle rémission.

Écrire m'a d'abord permis de mettre à distance toute cette période de « non-vie », de prendre du recul pour mieux comprendre le mécanisme complexe qui m'a poussée à me détruire et pour avancer, pour construire ma vie.

Ce livre s'adresse ensuite aux proches des malades : parents, frères et sœurs, conjoints, collègues… à tous ceux qui sont en contact avec ces troubles et qui se sentent impuissants. On n'est jamais impuissant lorsque l'on aime, lorsque l'on écoute, lorsque l'on parle. Parler surtout, voici l'une des meilleures clés. L'ultime raison de mon épanchement consiste en une volonté inébranlable de partager cette triste expérience afin de faire prendre conscience aux jeunes filles (et garçons d'ailleurs) de la gravité de ce que l'on prend pour une décision qui semble toujours anodine au départ mais qui conduit inexorablement à la destruction de soi.

C'est en effet d'une mise à mort à la fois inconsciente et contrôlée dont je veux vous parler, de la sournoise descente aux enfers qu'est l'anorexie-boulimie.

Tout le monde connaît ce mot et est capable de lui accoler une image ou une signification ; cette maladie paraît cependant lointaine, comme irréelle presque, dans un monde où l'obésité est devenue un problème de santé publique majeur.

L'anorexie est d'ailleurs une maladie qui n'est pas considérée comme telle par la population qui ne voit dans ce terme que la silhouette – ou plutôt devrais-je dire l'ombre – de mannequins squelettiques qui feraient « exprès » de maigrir pour correspondre aux diktats de la mode.

Ces modèles sur papier glacé ne forment malheureusement que la partie émergée de l'iceberg. L'anorexie n'est pas une simple question de mode mais une maladie complexe qui ne se soigne pas à coups d'ordonnances médicamenteuses. Je la définirais comme une sorte de monstre qui s'installe en vous, que l'on a mis en vous.

Au départ, il vous fait vous sentir plus forte, invulnérable. Il est comme un compagnon fidèle. Grâce à lui, nul besoin de se nourrir ni de boire ; il procure une frénésie physique et intellectuelle, rien ne peut vous résister, on se sent invincible.

Mais peu à peu, il échappe à votre contrôle, l'on croit tout maîtriser… Il n'en est rien. Il habite votre esprit et votre corps et vous malmène comme une marionnette dont il tirerait les fils.

Je vais maintenant vous conter mon histoire telle qu'elle a commencé, il y a douze ans. Une seule chose encore avant de commencer.

Je ne souhaite surtout pas, en rédigeant ce livre, attirer la pitié ni donner un spectacle larmoyant mais simplement transmettre mes impressions, mes joies, mes déceptions, mon manque de volonté parfois, mais mon envie de lutter, toujours et surtout donner l'espoir qu'un avenir meilleur est possible.

I

« Il n'aurait fallu
Qu'un moment de plus
Pour que la mort vienne. »

(Aragon)

Janvier 2012

Et si je commençais par la fin… Je le sais bien, je suis loin d'être au bout de ma vie – je l'espère du moins. Non, je veux dire, et si je commençais par raconter la fin de ma « non-vie », de cette vie entre parenthèses qui aura duré presque dix ans.

Raconter par la fin une histoire de faim ou plutôt de non-faim et de sur-faim à la fois. La tâche paraît bien ardue et je ne promets pas d'être toujours rigoureusement exacte…

Tout s'est terminé un samedi soir de janvier, le 21 pour être précise, alors que mon compagnon était absent. Depuis deux jours, je ne pensais qu'à ce moment où je pourrais enfin me retrouver seule. Plus l'heure du départ de Cédric approchait, plus je devenais fébrile. Je n'avais qu'une envie : qu'il parte le plus tôt possible. La crise de boulimie était programmée même si je n'avais pas pu aller faire de courses dans la semaine, je possédais encore quelques réserves de nourriture dans les placards.

Dès que j'entendis le moteur de la voiture démarrer, à 19 heures environ, je me mis à faire cuire un kilo de pâtes et enfournai le gâteau au chocolat préparé en cachette l'après-midi. Je n'avais pas un instant à perdre. Tout devrait être terminé dans quatre heures maximum, afin que j'aie le temps de tout ranger et nettoyer avant le retour de Cédric.

Dix minutes plus tard, tout était au point : le pain dans le toasteur, le pâté de campagne, le saucisson, le beurre et les chips dans mon assiette et la bouteille de limonade sur la table.

Toutes les conditions étaient réunies pour que la crise soit longue et bonne, donc réussie. Toutes…, en fait, pas vraiment. Je ne dormais plus depuis presque trois semaines, je venais de passer une semaine quasiment seule à la maison pour me reposer – semaine pendant laquelle je n'étais pas parvenue à fermer l'œil malgré les somnifères – sans faire de crise et une toute petite voix dans ma tête me chuchotait : « Ce n'est pas bien, ne le fais pas. »

Cependant, toutes les circonstances « extérieures » étant favorables, je me suis mise à manger et à vomir à intervalles réguliers afin de pouvoir poursuivre mes agapes. Les images défilaient sur l'écran de la télévision mais je ne savais pas ce que je regardais. Je me remplissais. J'ai avalé plus d'un kilo de pâtes cuites avec beaucoup de beurre et de la mayonnaise pour que ça ressorte plus facilement. Il ne me restait plus qu'un quart du gâteau au chocolat et moins de la moitié d'un litre de glace à la vanille retrouvé au fond du congélateur. Je n'en profitais plus.

Je ne ressentais même plus le goût de ce que j'ingérais. La vue des emballages et des bouteilles de soda vides qui jonchaient le sol et des plats graisseux empilés sur la table me donnait la nausée…

J'ai donc mangé et vomi, et mangé et vomi… pendant deux bonnes heures avant de m'arrêter. Je n'y prenais aucun plaisir si ce n'était le réconfort de combler le vide provoqué par l'absence de mon compagnon et de ne pas penser à quel point je me sentais seule. J'étais écœurée, dégoûtée plus qu'à l'accoutumée de toute cette nourriture qui entrait dans ma bouche, descendait dans mon estomac puis parcourait le chemin inverse quelques minutes plus tard.

Épuisée, je suis montée me coucher. Mais avant de me mettre au lit, je me suis soumise au rituel de la pesée. Après être montée sur la balance et avoir constaté que j'avais perdu un kilo par rapport au matin, j'ai vomi une dernière fois, pour m'assurer qu'il ne demeurerait pas la moindre trace de toute la nourriture infâme que je venais d'absorber.

Mais après cette dernière purge, j'ai totalement paniqué. Ma tête s'est mise à tourner. Je me souviens enfin avoir éclaté en sanglots – des pleurs de rage –, puis avoir arpenté la maison de long en large avant d'être prise d'une peur incontrôlée. Terrorisée, j'ai quand même eu la présence d'esprit de me saisir du téléphone et de contacter mon compagnon pour qu'il rentre au plus vite de sa soirée – ce qu'il a fait. En l'attendant, j'ai continué, je crois, à parcourir la maison tel un lion en cage, me sentant complètement tiraillée, prisonnière de moi-même. Je n'avais absolument plus conscience de ce qui m'entourait ni de ce que je faisais. Je n'étais que peur, dégoût, souffrance.

Lorsqu'il a ouvert la porte, Cédric m'a retrouvée cramponnée aux barreaux de l'escalier du salon en train de me cogner la tête contre le bois. Il m'a prise dans ses bras. Je me suis effondrée. Ensuite, j'ai beaucoup pleuré ; puis, nous avons beaucoup parlé.

À une heure du matin, à nouveau maître de moi-même, j'ai vidé un placard et une partie du frigo remplis de nourriture premier prix destinée aux crises. Je ne voulais plus jamais absorber ni rejeter ce genre d'aliments infects. Je ne voulais plus jamais faire de crises. Je ne voulais plus jamais me faire vomir.

En fait, je réalise que je ne pourrai pas m'en tenir à tout raconter par la fin. Le récit ne serait que succession de retours en arrière ou bonds en avant. Je vais donc reprendre mon histoire par le commencement, pour plus de clarté dans cette période déjà si obscure.

II

« — Mais ça meurt, en cage,
les oiseaux, dit Jacquemort. »

(VIAN)

Enfance (1985-1994)

La maladie (j'emploierai souvent ce terme même s'il ne me satisfait pas pleinement) a pris place dans mon esprit il y a environ dix ans. J'étais alors une fille plutôt banale, je me fondais dans la masse tout en sachant que j'en étais totalement étrangère : j'étais Poète. J'ai toujours eu, depuis ma plus tendre enfance, un goût très développé pour la littérature.

Malgré mon esprit vif et curieux, je m'enfermais très jeune dans ma chambre pour dévorer les aventures de *Croc-Blanc* et du *Petit Prince*. Je m'étais créé un monde imaginaire bien plus réel pour moi que le monde qui m'entourait. J'étais l'une de ces enfants dont l'on dit qu'elle a la « tête dans les nuages ». De toute façon, je préférais largement passer des journées en tête à tête avec mes livres plutôt qu'avec mes congénères. Je n'arrivais pas vraiment à développer des liens avec les enfants de mon âge. Je m'étais fait quelques amis à l'école davantage pour faire « comme tout le monde » que par véritable envie. Je ne parvenais pas à m'expliquer comment les autres pouvaient consacrer leur temps à jouer à se courir après ou agiter des poupées. Je me souviens pourtant avoir passé des après-midi entiers à jouer aux poupées avec ma meilleure amie de l'époque mais pendant que d'un côté j'inventais avec elle des histoires stupides, d'un autre je me demandais pourquoi je faisais cela tout en me disant que j'aurais préféré lire tranquillement.

Mon appétence pour la lecture ne faisait cependant pas de moi une petite fille inactive. Au contraire, on aurait facilement pu me qualifier d' « hyperactive » au regard de mon emploi du temps. À peine l'école terminée, je filais à mes entraînements quasi quotidiens de gymnastique.

À l'âge de 10 ans, je pratiquais environ une dizaine d'heures de gym hebdomadaire auxquelles il faut ajouter les nombreuses compétitions les week-ends ainsi que les semaines de stages durant les vacances scolaires. Cette suractivité n'était cependant pas véritablement de mon fait.

Je n'aimais pas vraiment la gym, activité à laquelle mes parents m'avaient inscrite à l'âge de 4 ans ; j'ai même détesté cela dès 7 ans. Tous les ans, à la rentrée de septembre, je disais à mes parents que je ne voulais pas y retourner. Et tous les ans, ma mère me disait que si je n'y retournais pas je ne reverrais plus mes amies, je m'ennuierais le soir après l'école. Et elle, que ferait-elle le dimanche si elle n'avait plus le loisir de m'accompagner lors des compétitions ? Je ne pense pas qu'il s'agissait, consciemment du moins pour elle, de chantage affectif.

Mais il est certain que, chaque année – alors même que fin juin je m'étais juré de ne plus remettre les pieds dans cette satanée salle de sport –, je retournais m'inscrire au club, la boule au ventre, pour ne pas décevoir ma mère et retrouver mes amies.

Je n'ai quasiment aucun souvenir d'avant cet âge-là si ce n'est par rapport à mon corps ; il a beaucoup souffert. Mais la maxime « Il faut souffrir pour être belle », martelée à chaque cours par les entraîneurs, a dû, au fur et à mesure, s'imprimer au fin fond de mon esprit.

Des années plus tard, je ne me doutais pas que ce dicton résonnerait encore en moi qui rechercherais alors la beauté spirituelle.

La gymnastique, que j'arrêtai vers 12 ans, était une véritable corvée, une sorte de torture continuelle dont le seul but était de satisfaire la joie de ma mère lorsqu'elle venait assister à une compétition.

La gym – des heures perdues, passées aux entraînements – m'a volé mon enfance. Au lieu de jouer avec mes amies, j'étais harcelée à longueur de soirée à cause de mon manque de souplesse.

D'horribles minutes s'écoulaient au cours desquelles les entraîneurs semblaient prendre un plaisir sadique à étirer mes bras et mes jambes plus qu'ils ne pouvaient le supporter. Je m'inventais toutes sortes de maux pour éviter les entraînements. Dès que la prof voulait m'envoyer à la poutre (ma bête noire), je prétextais me sentir mal et finissais vraiment d'ailleurs par souffrir de maux de ventre épouvantables. Pour ne rien arranger, les membres meurtris par les heures d'étirements, il me fallait encore affronter les moqueries des « grandes » qui me jugeaient trop « molle » à leur goût et trop « intello » pour être sympa. Car à cette époque, je n'avais pas besoin de me forcer à l'école pour obtenir d'excellents résultats. Dès le CP, je raflais tous les bons points. Jusqu'en CM1, j'eus la chance de me trouver dans des classes à double niveau.

Dès que j'avais terminé mon travail, je pouvais m'atteler aux exercices des plus grands si bien que je ne m'ennuyais jamais.

Du coup, la directrice de l'école primaire, malgré les réticences maternelles, décida de me faire passer du CM1 au CM2 et ce, à ma plus grande joie.

Comment aurais-je pu imaginer que cette décision qui me rendait tellement heureuse allait devenir un frein à ma vie sociale durant les quatre années de collège et que j'allais traîner cette étiquette d' « intello coincée » jusqu'à la fin du lycée ?

Cette époque fut sans doute la plus difficile de ma courte existence. En effet, si la période « gymnastique » n'avait pas été une partie de plaisir sur le plan physique comme sur le plan moral, celle du collège ne s'est guère avérée meilleure. Certes, mes professeurs m'adoraient et ne cessaient de chanter mes louanges à mes parents à chaque réunion.

L'un d'eux leur dit même qu'il aurait rêvé d'avoir une fille comme moi, si parfaite. Pas sûr qu'il aurait signé pour la suite des événements ! Dans le même temps, je n'avais pas beaucoup d'amis.

En fin de 4e, ma meilleure amie cessa de m'adresser la parole du jour au lendemain car la fréquentation de la première de la classe l'empêchait d'être populaire et de sortir avec le garçon qu'elle convoitait. Mais je vais trop vite et omets un point capital de mon enfance, qui fut peut-être le déclencheur des maux à venir, le drame familial qui eut lieu quelques années plus tôt.

J'avais 9 ans. Jusque-là, je peux dire que j'étais une enfant heureuse qui attendait, avec une impatience non dissimulée, la venue d'un deuxième petit frère. Je vivais dans une famille unie dont rien ne semblait pouvoir venir entacher le bonheur jusqu'à ce jour maudit de mai 1994.

Ce jour marqua la fin définitive de mon enfance. Bien que mes parents aient fait leur possible pour nous préserver, mon frère et moi, chaque instant de cette terrible journée est gravé dans ma mémoire.

Dès le matin, je perçus le trouble de mes parents après la réception d'un coup de téléphone. Quand je leur réclamai une explication, ils me répondirent que ma cousine avait eu un accident, qu'elle était à l'hôpital mais que je ne devais pas m'inquiéter. L'après-midi, on me conduisit – comme prévu – à l'anniversaire d'un camarade de classe. Il me fut impossible d'en profiter. Depuis le midi, mon esprit concevait les pires scénarios quant à l'état de ma cousine, comblant comme il pouvait le vide laissé par l'absence de renseignements précis. Mes parents vinrent me rechercher quelques heures plus tard pour m'emmener dans la famille de ma nourrice, des gens chez qui je n'avais jamais mis les pieds. Nous y passâmes la soirée avec mon frère et mon père, je crois, ma mère était à l'hôpital. Je ne savais toujours pas ce qu'il en était de la santé de ma cousine mais je m'imaginais le pire. Ce pire me fut révélé quelques heures plus tard.

Ce jour-là, mon unique cousine trouva la mort dans un terrible accident de voiture en revenant d'une soirée en discothèque. Elle n'atteignit jamais ses 18 ans qu'elle devait fêter quelques jours plus tard. Je ne pus trouver le sommeil cette nuit-là. Dès que je fermais les yeux, je me représentais l'accident.

Désormais, rien ne serait pour moi jamais plus comme avant ; mon insouciance s'envolait en même temps que l'âme de ma cousine. Je ne serais jamais plus une enfant. Ma seule attente alors fut celle de l'arrivée de mon petit frère.

J'espérais, au fond de mon cœur, que cette naissance me redonnerait goût à la vie et qu'elle ressouderait ma famille. Il n'en fut rien. Au contraire, les troubles s'accentuèrent sans que rien ne semble pouvoir les dissiper. Dès ce jour, en effet, c'est comme si j'avais perdu toute une partie de ma famille et pas seulement ma cousine. Effectivement, mon oncle et ma tante – pour une raison que j'ignorais – ne nous adressèrent plus la parole. Ma mère n'avait désormais plus de sœur et moi, plus de marraine. Je ne me doutais pas que deux ans plus tard, mon oncle me serrerait la main pour me dire bonjour comme à une parfaite inconnue ni que je ne reverrais mon cousin que huit ans plus tard, à l'occasion des obsèques de ma grand-mère.

J'en étais là : j'avais 9 ans, j'étais devenue adulte malgré moi et je me promis de tout faire pour faciliter la vie de mes parents. Je serais la fille parfaite, celle que tous les parents souhaiteraient avoir : mignonne, gentille, douée à l'école, sportive, souriante et silencieuse. Comment mes parents auraient-ils pu imaginer un instant que l'esprit de leur petite fille chérie allait basculer dans la plus sombre mélancolie ?

Dès lors, il y aurait deux Léa. Celle que tout le monde verrait – gaie, emplie d'une joie de vivre – et la vraie Léa – morose, l'âme défunte. Je me souviens parfaitement des jours qui ont suivi les obsèques.

À chaque récréation, alors que tous les autres enfants s'amusaient à courir partout dans la cour, je m'asseyais sur le rebord des fenêtres le long des salles de classe et je les regardais en me demandant pourquoi ils faisaient cela.

Je me sentais complètement étrangère à leur monde, comme si, subitement, je n'avais plus réussi à parler la même langue. Puis je cessais de m'interroger sur les agissements de mes camarades et laissais mon regard se perdre dans le vide.

Tout devenait flou autour de moi, mon corps demeurait scotché au béton pendant que mon esprit voyageait en des espaces insondables. Quand je n'étais pas à l'école, je me réfugiais dans la littérature d'une façon excessive. Je lisais du matin au soir. Lire ! Lire tout ce qui me passait sous la main.

Lire pour vivre une vie meilleure, pleine d'aventures, de rebondissements, une vie différente de la mienne, si lisse en apparence.

C'est vrai qu'il ne se passait strictement rien d'intéressant dans mon existence jusqu'à cette année pleine de joies et de peines que fut 2002.

Tout était très calme : quelques amies, peu de garçons autour de moi, même si ceux-ci commençaient à m'intéresser, jusqu'à ce Jour de l'an.

III

« Oiseau fidèle, lui dit-il, tu sembles
souffrir – dis : qu'as-tu ?
— J'ai faim, dit l'aigle.
— Mange, dit Prométhée en découvrant son foie. [...]
— Mon doux aigle, pourquoi suis-je enfermé ?
— Que t'importe ? Ne suis-je donc
pas avec toi ?
— Oui ; peu m'importe ! »

(GIDE)

Premier semestre 2002

Passage de l'année 2001 à 2002. Mon cœur bat fort. Pour la première fois, je ne fête pas la nouvelle année avec mes parents. Libre ! Petite parenthèse : j'ai toujours été étonnée de la ressemblance graphique et phonique des mots « libre » et « livre ».

Seule la consonne centrale diffère et encore pas autant que cela puisque la phonétique historique nous apprend que, dans certains cas, le « -b » s'est transformé en « -v » sous l'effet d'un savant processus que je n'expliquerai pas ici. Ils se ressemblent tellement que l'on pourrait croire que l'un ne fonctionne pas sans l'autre : le livre crée un espace de liberté pour le lecteur et l'écrivain mais sans la liberté le livre ne peut exister (rappelons-nous la censure en France aux XVIIe et XVIIIe siècles, toujours présente dans bien des pays). Excusez cette digression mais qui explique, à mon avis, bien des choses. Je reviens à ce Nouvel An. Je pénètre dans cette vieille salle des fêtes miteuse perdue dans un village de la France profonde avec trois de mes amies. J'entre, et je le vois. Mon cœur bat plus fort.

Pourtant, je ne le connais pas. Mais je sais déjà que nous ferons connaissance avant la fin de la nuit. Je danse, fais semblant de m'amuser, l'observe. Ce garçon dont je ne sais rien m'attire. Je suis assise à une table, écoutant une discussion inintéressante.

Ça y est. Une connaissance commune nous présente. Il m'avait remarquée lui aussi. Il me parle, je ne sais pas quoi lui répondre, je me sens idiote.

Il m'invite quand même à danser. L'alcool a parfois du bon ! J'ai les mains moites lorsqu'il me prend dans ses bras, foutue timidité.

Nous dansons un rock endiablé avec une immense complicité, un cercle se forme autour de nous. Nous sommes les rois de cette soirée qui restera gravée dans mon cœur, dans mon corps, dans mon âme. Je viens de vivre mon premier coup de foudre et le sentiment semble être réciproque. Il m'embrasse. Il doit partir déjà. Et nous n'avons même pas échangé nos numéros de téléphone. Je ne le reverrai pas. Il s'était passé quelque chose dans ma vie et j'avais oublié de lui demander son numéro.

Quelle sotte ! Je rentre me coucher. Tout tourne dans ma tête, je me repasse cette nuit en boucle, ce premier regard, ce premier baiser échangé. Et je ne le reverrai jamais ! Enfin ça, c'est ce que je pensais, pleine de mon pessimisme habituel. Parce que cela ne se passa pas de la manière dont je l'avais imaginé. Figurez-vous que ce charmant jeune homme avait fait des pieds et des mains pour récupérer mon numéro de téléphone.

Et il m'appela. Tout devint flou autour de moi. J'allais le revoir, mon premier amour, celui que je croyais à l'époque être l'homme de ma vie. Comme j'étais niaise ! Je croyais encore au prince charmant mais il ne me fallut guère de temps pour déchanter. Au bout d'un mois, en effet, je m'aperçus que je ne l'aimais pas. Disons que je me sentais bien avec lui mais que je le considérais plus comme un ami.

Et c'est à ce moment que ma vie prit le détour particulier qui m'a rendue telle que je suis à l'heure actuelle. Je ne l'aimais pas. Mais tout le monde – et ma mère en particulier – l'adorait autour de moi et j'avais très envie de découvrir plus en profondeur les choses de l'amour. Je restai avec lui, je me servis de lui. Je n'avais donc pas de cœur !

Ma première relation charnelle fut un désastre. Non seulement je ne tirai aucun plaisir mais en plus cela fut extrêmement douloureux. Voilà, c'était fait. Moi qui avais pensé que ce serait quelque chose de magnifique, de fabuleux ; j'étais déçue. En outre, je fus prise d'une peur panique de tomber enceinte. Certes, nous avions pris nos précautions en utilisant un préservatif. Mais si jamais nous nous en étions mal servis ? Que deviendrait mon avenir si un être décidait de pousser à l'intérieur de moi ? Et quelle serait la réaction de mes parents découvrant que leur petite fille modèle ne l'était pas tant que ça ? Cette réaction, je me l'imaginais : ils auraient honte de moi, ils me rejetteraient.

Pourquoi alors rester plus longtemps avec ce garçon que je n'aimais pas, qui me faisait mal et qui pourrait provoquer l'anéantissement de tous mes projets ? Pourquoi continuer à jouer le rôle de la fille amoureuse ? Je devais le quitter. Cela prit du temps, trop de temps. Le temps d'avoir d'autres rapports intimes tous aussi douloureux que le premier. Le temps d'angoisser à l'idée d'une grossesse car je ne prenais pas la pilule.

Le temps que germe en moi l'idée saugrenue qu'en faisant des centaines d'abdominaux quotidiens et qu'en mangeant un peu moins, aucun fœtus ne viendrait s'installer dans mon ventre.

Et bien que je finisse par obtenir un contraceptif sous couvert de problèmes d'acné de façon que ma mère ne se doute pas de l'avancée de mes rapports avec mon petit copain, je continuais à martyriser mon ventre tous les jours, me donnant parfois même des coups de poing, afin d'être bien certaine que rien ne vienne s'y loger…

Je quittai finalement mon « premier amour » d'une façon assez lâche le jour des résultats du bac. J'étais de nouveau célibataire, je venais d'obtenir mon précieux sésame pour l'université avec mention. Mes parents étaient heureux. Ma mère surtout était très fière. Fière que j'obtienne ce diplôme qu'elle n'avait pas eu. J'avais passé l'examen sans trop me mettre la pression et étais bien moins stressée qu'elle pour les épreuves. Elle n'avait cessé de me répéter que ce ne serait pas grave si j'échouais, que je pourrais redoubler et le repasser l'année suivante. Elle oubliait sans doute que les professeurs m'avaient attribué les félicitations lors du dernier conseil de classe.

J'avais l'impression que c'était elle qui allait passer les épreuves. Et cette façon de me dire que l'échec n'était pas grave me mettait au final une pression terrible. Je ne pouvais pas échouer car mon échec serait le sien. Je réussis donc. J'avais tout pour être heureuse. Tout. Sauf peut-être ces trois malheureux kilos pris pendant les révisions.

Pourtant, j'étais loin d'être en surpoids. 51 kilos pour 1,65 mètre, j'étais mince, mais je voulais revenir à mes 48-49 kilos pour me sentir vraiment bien. L'été, c'est facile de maigrir avec les fruits, les légumes, la natation… En moins de deux semaines, ce poids superflu disparut. Comme je me sentais bien, légère… Il n'y avait que ces cuisses, si volumineuses, en désaccord avec le reste de mon corps. Pourquoi ai-je fait une fixation sur mes cuisses à ce moment-là ? Impossible de me l'expliquer, encore aujourd'hui. Pourtant, ce n'est pas comme si j'avais été bourrée de cellulite.

Au contraire, j'étais plutôt musclée grâce aux nombreux sports que je pratiquais. Mais plus je les regardais, plus je les trouvais grosses, disgracieuses.

Il fallait que je perde encore 1 ou 2 kilos pour me sentir mieux et pour être certaine de ne plus jamais dépasser cette barre fatidique des 50 kilos.

Je redoublai d'efforts. J'étais en vacances au bord de la mer – dans la station balnéaire où je partais tous les ans avec mes parents et mes frères –, je nageais 2 kilomètres par jour et je réduisais le nombre de calories ingérées.

Mon estomac gargouillait toute la journée et comme je suis d'un naturel très gourmand, il était d'autant plus difficile pour moi de me priver.

Tous les matins, je montais sur la balance avec l'espoir de voir l'aiguille descendre. Et bien qu'elle descendît, je n'étais pas vraiment satisfaite car je trouvais cette vieille balance beaucoup trop approximative. J'attendais donc avec impatience de rentrer à la maison retrouver la précision de l'électronique.

Mes efforts furent récompensés et je revins de vacances délestée de 6 kilos au total en trois semaines. J'avais littéralement fondu.

Je me sentais si bien, si légère, libérée même si je ne commençais plus une journée sans dire un petit bonjour à mon amie la balance. Je ne savais pas quelle prison je venais de me fabriquer.

Sans en avoir conscience, je pénétrais dans un abîme duquel je ne suis pas encore totalement sortie à l'heure actuelle. Le processus vicieux, infernal, de cette maladie insidieuse, avait déjà commencé à s'installer en moi. Bien sûr, je n'en ressentais pas encore les effets négatifs. Au contraire, j'étais totalement euphorique. Mon entourage l'était beaucoup moins. Mes parents, leurs amis, mes amis me faisaient tous la même remarque : « Tiens, tu n'aurais pas maigri ? » Qu'est-ce que je pouvais bien répondre à cela ? Oui, j'avais maigri mais il n'y avait strictement aucune raison de s'inquiéter, bien sûr que non, je me trouvais bien physiquement, en pleine forme, avec un corps parfaitement sculpté.

Certes, j'avais dû souffrir un peu pour perdre ces quelques kilos, mais ne faut-il pas souffrir pour être belle comme on me l'avait tant de fois répété ? Je me sentais même pure. C'est cela, pure. Je me libérais des choses terrestres, futiles.

Désormais, je n'accorderais plus aucune importance à ce genre de détail. Manger ne devait pas être un frein à mon développement intellectuel.

D'ailleurs, je me nourrissais de lectures à longueur de journée. Se nourrir de livres, n'est-ce pas plus appétissant que d'avaler les montagnes de graisses qui s'accumulent dans tout ce qu'on vous vend en vous disant que c'est bon pour vous et qui finissent par vous boucher les artères ? Pourquoi n'y avais-je pas songé plus tôt ? Atteindre la pureté, m'écarter de toute chose terrestre, futile, devenir un pur esprit, faire abstraction du physique…

IV

« Je souffre, et l'autre souffre,
et il n'y a point de chemin
Entre elle et moi, de l'autre
à moi point de parole ni de main. »

(Claudel)

Septembre-octobre 2002

Septembre 2002. Dans un mois, j'entre en fac. Je suis si pressée ; enfin je vais avoir mon indépendance, être libre, faire de nouvelles rencontres, trouver l'amour – des rêves plein la tête, l'espoir d'une vie nouvelle. Mais avant cela, je vais faire les vendanges. Dix jours. Un enfer. Physiquement d'abord.

Accroupie toute la journée, les courbatures ne se font pas attendre et le deuxième jour j'ai horriblement de mal à marcher. Mais je suis heureuse ; du sport toute la journée : je vais encore maigrir, mon corps va encore disparaître afin de laisser place à mon esprit.

Moralement, je suis au trente-sixième dessous. Ma grand-mère paternelle, qui m'héberge, me rend la vie infernale et cherche en plus à tout prix à me gaver comme une oie. Je la déteste. Bien que je sache qu'elle fait cela pour mon bien et parce qu'elle s'inquiète pour moi. Je mange donc à contrecœur. Je reprends du poids malgré tous les efforts physiques. Je me déteste. Je veux partir.

Dix jours plus tard. Retour chez mes parents. Joie. Dans une semaine et demi je pars à l'université. Je fais bonne figure. Je mange, mes parents sont contents. Pour compenser, je fais du sport. Je me mets au vélo d'appartement et je lis en pédalant, pour muscler mon esprit.

Octobre. L'université. J'y suis enfin ! Demain, je vais faire ma première rentrée à la fac. Je me sens si heureuse, je vais rencontrer plein de monde, apprendre des tas de choses, ouvrir mon esprit à la littérature dans ce qu'elle a de plus étendu. Une chose est étrange toutefois, depuis quelques semaines, je n'arrive plus à écrire, impossible de recouvrir ces sinistres pages blanches d'un seul mot.

Moi qui noircissais depuis deux ans des pages et des pages de poèmes, voilà que je me retrouve incapable d'assembler deux mots ensemble. En même temps, je suis si euphorique que je n'en ressens pas le besoin.

Car il est vrai que j'écris essentiellement quand je me sens mal, quand une vague de tristesse s'empare de moi et m'emporte au large d'une mer de désillusions. Écrire pour quoi faire après tout ? Je n'ai rien à dire, ma vie est insignifiante. Je rentre en fac, je suis heureuse, et après ? C'est le lot de milliers d'étudiants que je partage aujourd'hui, ni plus, ni moins. Et puis pourquoi écrire quand je me sens si pleine d'émotions diverses ? J'ai peur qu'elles ne s'enfuient si je les retranscris, qu'elles perdent de leur saveur.

Car lorsque j'évoquais le néant qui m'habitait dans mes poèmes, je lui donnais une substance. Maintenant que j'ai réellement quelque chose en moi, je ne veux pas risquer de le coucher sur le papier au risque que cela ne m'appartienne plus.

Depuis quelque temps d'ailleurs, je me sens plus légère. Je ne sais pas vraiment s'il s'agit d'une histoire de poids mais j'ai l'impression d'être une plume qui s'envole au moindre souffle du vent. Rien ne semble pouvoir empêcher mon esprit de voguer librement. Je ne me sens plus autant engluée dans la sombre mélancolie qui m'habitait depuis toutes ces années.

Pourtant, aujourd'hui, je sais que ce sentiment de légèreté était factice. Je sais que j'étais remplie de vide à cette époque, remplie d'un décompte de calories et de chiffres sur la balance qui ne faisait que commencer mais qui allait devenir mon enfer pendant de longues années.

Ça y est, je rentre à la fac, tout devrait aller pour le mieux dans le meilleur des mondes. Mais je ne suis pas Candide, et la triste réalité vient me rappeler. Ma grand-mère maternelle est au plus mal. C'est vrai qu'elle n'était pas très en forme ces dernières semaines. J'ai passé énormément de temps avec elle, à lui parler, à la masser, à la regarder dormir.

Maman m'apprend qu'on l'a conduite à l'hôpital. C'est impossible, elle n'a jamais été malade. Je rentre chez mes parents, c'est mon premier week-end. Je vais à l'hôpital pour voir ma grand-mère, elle ne va vraiment pas bien, elle me dit qu'elle voudrait rentrer chez elle, qu'elle se sent mal dans cette chambre.

J'ai envie de rester avec elle, j'essaie de la faire manger mais elle ne veut pas, elle n'a plus goût à rien. Je commence à comprendre, à me faire à l'idée qu'elle pourrait partir bientôt même si je refuse de placer cette échéance dans un futur proche.

Déjà dimanche, il faut repartir. Je n'en ai pas envie, moi qui étais si heureuse il y a une semaine de quitter mes parents, je sens aujourd'hui que ma place est auprès d'eux. Dans le train, je me retiens de pleurer mais dès que j'ai les pieds dans l'appartement sur le campus je laisse aller mes larmes.

Je suis seule, abandonnée et abandonnante à la fois, j'ai l'impression d'être une petite fille perdue dans la forêt, la nuit. Je crois que ce jour s'est gravé dans ma mémoire et que, inconsciemment, j'ai repensé à cela à chaque fois que je suis rentrée dans cette sinistre chambre impersonnelle. C'est sans doute pour cela que, la première année, j'avais énormément de mal à y rester seule très longtemps.

Maman me téléphone tous les soirs pour me donner des nouvelles. L'état de mamie s'aggrave de jour en jour. J'attends vendredi avec impatience. Cette première véritable semaine de cours me semble une éternité.

J'ai l'esprit ailleurs, impossible de me concentrer. Je ne me souviens absolument pas de ces premiers jours de fac. Arrivée chez mes parents, après un trajet en train d'une demi-heure qui me semble une éternité, je file à l'hôpital. Maman m'avait prévenue, mamie a beaucoup changé en une semaine.

C'est impossible, ce n'est pas ma grand-mère mais une sorte de cadavre vivant qui est étendu devant moi, elle n'est plus consciente mais me sert la main, elle me reconnaît. J'ai mis énormément de temps à effacer cette image de mort gravée sur le visage de ma grand-mère. Je crois que j'arrive à l'imaginer telle qu'elle était auparavant depuis quelques mois seulement. Elle s'est éteinte quelques heures après ma dernière visite. Maman m'a dit qu'elle attendait de me revoir pour partir. Je n'avais qu'une envie alors : partir la rejoindre et me reposer avec elle.

V

« Plaisirs, ne tentez plus un cœur
sombre et boudeur !
Le printemps adorable
a perdu son odeur !... »

(Baudelaire)

Hiver 2002-2003

La descente aux enfers commença véritablement à partir de cet instant. Ma vie alors se résuma à un perpétuel décompte des calories absorbées chaque jour, à la manière de faire toujours reculer ce chiffre. Si celui-ci diminuait, je savais que celui indiqué par la balance en ferait de même. Je passais mon temps à marcher, à faire toutes sortes de sports – je lisais en faisant des abdominaux ! –, à étudier.

Rien ni personne ne pouvait me faire sortir de ce rythme insoutenable. Je ne mangeais quasiment plus rien. Heureusement, je vivais en colocation avec une amie et grâce à elle, même si cela m'ennuyait profondément à l'époque, je m'alimentais encore un peu le soir. Je me souviens parfaitement de mes journées d'alors : je me levais, m'habillais, partais travailler à la bibliothèque jusqu'au début des cours, j'avalais un « chavrou » le midi avant d'aller faire une ou deux heures de sport, je retournais en cours, travaillais à la bibliothèque jusqu'à sa fermeture à 20 heures, rentrais à l'appartement, dînais avec Adèle et travaillais encore jusqu'à essayer de m'endormir.

Je ne voyais plus mes amies et je n'avais pas réussi à créer de lien avec les personnes de la fac ; je refusais toutes les sorties dans des bars, au restaurant et même les soirées chez mes copines de lycée. J'avais bien trop peur de devoir être obligée de manger. Ma seule amie était cette petite voix en moi qui me permettait de tenir à ce rythme infernal. Je me sentais forte, supérieure aux autres, je possédais une volonté hors du commun.

La faim me fait délirer. La nuit, je ne rêve plus, sinon de chiffres ou de parts de gâteaux qui veulent me dévorer. De toute façon, je dors très peu, mon esprit est incapable de se reposer.

Je ne m'en inquiète pas. Au contraire, je trouve cela fantastique. Je peux passer plus de temps à lire et relire les œuvres au programme. Je peux aussi consumer davantage de calories que si j'étais endormie.

Quelques jours après le décès de ma grand-mère, ma mère, qui s'inquiétait de me voir dépérir, me conduisit chez notre médecin de famille. Ce dernier constata que j'avais fortement maigri mais ne s'alarma pas outre mesure de la situation. Il dit à ma mère que la maladie puis la mort de ma grand-mère m'avaient sans doute beaucoup affectée et que je faisais certainement une légère dépression.

Je ne le contredis pas, tout en sachant pertinemment qu'il ne s'agissait pas seulement de cela. Il me prescrivit des anxiolytiques. J'en pris un le soir même devant ma mère.

Le lendemain, après avoir été vaseuse toute la matinée, de retour à mon studio, je jetai la boîte à la poubelle, bien décidée à ne pas me laisser droguer.

L'hiver arriva et avec lui le froid. Je n'allumais pratiquement pas le chauffage dans ma chambre pour faire faire des économies à mes parents. Le matin, il y faisait à peine 10 degrés. Mes mains, mes pieds, mon corps tout entier étaient violets.

J'avais beau enfiler au moins quatre épaisseurs, me coller contre les radiateurs à la fac, rien ne pouvait me réchauffer. J'étais aussi froide qu'un cadavre. Étrangement, j'avais comme entrevu, plus d'un an auparavant, cet état de semi-morbidité :

Dans le silence reposant de la nuit murmure
Le souffle du vent passant à travers le mur.
Ce souffle de liberté m'entraîne dehors
Emportant mon esprit, me tirant de mon sort.

Je vole au-dessus de mon corps semblant endormi.
Je l'observe et me vois un court instant sans vie.
Il est comme figé dans le sommeil, glacé
Dans le linceul que forment mes draps immaculés.

Ensuite, je m'évade et parcours les dédales
D'un musée interne où j'entre dans une salle.
Ici la beauté des paysages de rêve
Procure à mes pensées morbides
un moment de trêve.

(Léa – 2001 – 16 ans)

Bien évidemment, mes parents s'étaient aperçus que mon état empirait depuis déjà quelque temps. Le déclic se fit pour ma mère un week-end où elle entra dans la salle de bain alors que je sortais de la douche. Les paroles qu'elle prononça alors resteront pour toujours gravées en moi : « Tu t'es vue ? On dirait que tu sors d'un camp de concentration ! » L'instant d'après fut très violent pour moi. Alors que j'étais nue, elle me força à monter sur la balance sous ses yeux. Je ne voulais pas, j'étais en pleurs. Mais elle saisit mon bras pour m'attirer sur la balance. Celle-ci indiquait froidement 40 kilos.

VI

« En général, dans tout malheur
du prochain il y a toujours quelque chose
qui réjouit l'œil d'un tiers, quel qu'il soit. »

(Dostoïevski)

Printemps 2003

Je suis toujours en première année de fac. Les premiers partiels viennent d'avoir lieu et je les ai réussis haut la main. Je fais partie des meilleurs étudiants de ma promotion et n'en suis pas peu fière. Voilà qui colle à mon idéal de perfection. Une de mes professeurs m'a remarquée car j'ai obtenu la meilleure note de l'amphi dans sa matière. Elle me prend sous son aile. Le mois de mars approche, je vais avoir 18 ans cette année. Je suis pressée que la date soit passée pour enfin pouvoir posséder une carte bleue, avoir le droit de vote et pouvoir conduire. Bref, de pouvoir faire ma vie sans dépendre sans cesse de mes parents et de vivre comme n'importe quel étudiant. J'ai aussi envie d'organiser une petite fête avec mes amies de lycée que je n'ai pas vues depuis un moment. Mes parents, eux, ont la sinistre intention de convier toute la famille à un repas. Cela ne m'enchante guère : l'idée de devoir rester à table une bonne partie du dimanche en faisant bonne figure ne me réjouit nullement. Mais bon, ça fera plaisir à tout le monde, alors j'accepte. J'aimerais que ma tante – la sœur de ma mère, la mère de ma cousine défunte –, que je ne vois toujours qu'à son magasin, vienne au moins pour le dessert.

Mais elle décline l'invitation en m'expliquant que ça lui rappelle trop le fait que sa fille n'a jamais pu souffler sa dix-huitième bougie.

Je suis triste, mais au fond de moi, je connaissais déjà sa réponse. Réponse qui sous-entendait quand même qu'elle niait le fait que je puisse atteindre la majorité alors que sa fille ne l'avait jamais connue, et, par un lien de cause à effet implacable, qu'elle m'en voulait d'être en vie. En y repensant, des années plus tard, je me suis aussi demandé si ce repas n'avait pas été, d'une façon plus ou moins consciente, un moyen pour mes parents mais surtout pour ma mère de montrer à l'ensemble de la famille, et à sa sœur en particulier, qu'ils avaient, eux aussi, une croix à porter. En me mettant dans une position si délicate – quelle idée saugrenue d'organiser un repas de famille en l'honneur d'une anorexique ! –, ils exposaient à tous – même à ma marraine absente – la souffrance que je pouvais leur causer. Ainsi, ils pouvaient, toujours inconsciemment bien sûr, se mettre sur un pied d'égalité avec mon oncle et ma tante. Ces derniers avaient pleuré leur fille défunte, de la même manière mes parents me regardaient, impuissants, m'éteindre sous leurs yeux. Malgré tout, je ne leur en veux pas. Ils voulaient sans doute seulement me faire plaisir et n'imaginaient sûrement pas vraiment à l'époque toutes les souffrances qu'un simple repas pouvait m'occasionner.

Le jour J arrive. Ma famille du côté paternel débarque et je vois bien que tous me regardent bizarrement. La dernière fois que je les ai vus, c'était à Noël. Depuis, je crois que mon poids a encore chuté. Je ne pèse plus que 37 kilos.

Mais ça ne m'inquiète pas, je suis en pleine forme, d'ailleurs, je ne me trouve absolument pas maigre. J'aimerais perdre encore un peu de poids pour être sûre de ne pas repasser la barre des 50. Évidemment, en y repensant aujourd'hui, je me demande comment je pouvais me tenir ce genre de discours surréaliste. Pourtant, j'avais vraiment peur que le fait d'avaler une bouchée de trop me fasse prendre plus de 10 kilos d'un coup !

Ma grand-mère paternelle vient pour m'embrasser et ne peut s'empêcher de me pincer au niveau des côtes et de pousser des exclamations en constatant ma maigreur. Je sens la colère me submerger mais je fais tout pour me contenir et garder mes pensées pour moi. J'ai totalement oublié le déroulement du repas. J'ai sans doute fait quelques efforts pour goûter à tout, fait bonne figure et beaucoup de vélo d'appartement ensuite pour tenter de brûler les calories ingérées.

La fête d'anniversaire avec mes amies s'est déroulée quelques semaines plus tard. J'avais encore maigri. Mais en avais à peine conscience. La seule preuve tangible de mon amaigrissement étaient mes vêtements. Tout m'était trop grand. Je peinais à trouver quelque chose à ma taille dans ma garde-robe. J'avais heureusement trouvé une ceinture que je portais dans mon enfance et qui me permettait de maintenir mes pantalons trop larges.

Mais, étrangement, à cette période, cette question de l'habillement était vraiment secondaire. Mon corps m'apparaissait à ce point étranger que je n'avais cure de ma façon de m'habiller.

De toute façon, la plupart du temps, je superposais de nombreuses couches de tissu afin de me protéger du froid.

Certaines de mes copines ne m'avaient pas vue depuis le mois de septembre. En arrivant, aucune d'entre elles ne m'a fait de réflexion ou ne m'a regardée de travers, mais quelques mois plus tard, elles m'ont avoué avoir été vraiment bouleversées en me voyant. Là encore, je n'ai aucun souvenir de la soirée. Je n'en ai conservé qu'une photo, une des très rares qui témoignent de cette période, sur laquelle on voit mon visage émacié au milieu de mes amies enjouées.

Quelques jours seulement après cette fête, je suis hospitalisée pour la première fois. Je passerai mes vacances de Pâques dans un service pour personnes en fin de vie à l'hôpital où travaille mon père.

Le psychiatre qui me suit – avec lequel le courant ne passe pas du tout mais que je continue à voir pour ne pas inquiéter davantage mes parents – veut que je reprenne du poids si je souhaite finir mon année universitaire avant d'obtenir une place dans un service spécialisé. Me voilà donc dans un service où je n'ai rien d'autre à faire qu'à réviser pour mes futurs partiels. Le plus jeune des patients doit avoir 80 ans !

Heureusement, des collègues de mon père que je connaissais me rendent visite les matins et l'après-midi, je sors dans la cour avec ma mère.

C'est hallucinant, dire que j'habite à peine à dix minutes à pied, et je ne peux même pas passer de l'autre côté de la grille !

Ma mère est soulagée de me savoir là. Elle s'inquiétait vraiment de me voir toujours plus maigre. Et alors qu'elle me fait part de ses inquiétudes, je me rappelle une phrase sortie de sa bouche trois ans plus tôt.

J'avais 15 ans, je prenais mon goûter en rentrant du lycée. Alors que j'étais en train d'avaler une brioche garnie de pâte à tartiner, elle me dit : « Attention, le poids que tu prends maintenant, tu ne pourras jamais le perdre ! » Je sais que cela n'avait rien de méchant à l'époque, que c'était juste une façon de prendre soin de ma santé. Mais quelle ironie ! Maintenant, elle donnerait tout ce qu'elle a pour me voir manger de si bonne grâce !

Une amie de la fac fait le déplacement pour me rendre visite. Je la rassure en lui annonçant que je reviendrai bien à la rentrée. De toute façon, personne ne pourra m'en empêcher. Je suis majeure, et le médecin qui voulait absolument m'hospitaliser n'est même pas là ! Il a réussi à prendre ses vacances juste à ce moment ! Au pire, même si je dois rester une ou deux semaines supplémentaires, ma professeure de littérature française m'a proposé de m'envoyer les cours.

Lors de ce court passage à l'hôpital, je me mets à manger largement normalement, afin d'être sûre de reprendre du poids et pouvoir sortir tranquillement. J'accepte même de prendre le traitement à base d'antidépresseurs sans rechigner. Je me dis que le fait d'être un peu « éteinte » les prochains jours ne sera pas très grave puisque je n'aurai rien à faire, si ce n'est réviser pour les prochains partiels.

Évidemment, je savais pertinemment que je ferais l'effort pour perdre le poids gagné dès que j'aurais mis le pied dehors ! Le jour de Pâques, mes parents et mon grand-père m'apportent du chocolat. Voilà des mois que je n'en ai pas mangé et que cela me fait très envie.

Comme il fait chaud dans la chambre, on en stocke une partie dans le frigo de la salle de repos du personnel. Les réserves ne feront pas long feu ! Je passe les soirées suivantes à me délecter du chocolat et n'hésite pas à faire plusieurs bonds en cachette jusqu'au frigo pour me réapprovisionner.

Je sors comme prévu au bout d'une douzaine de jours durant lesquels j'ai pris 3 kilos. Je mettrai à peu près le même temps pour les reperdre. Le problème, c'est que je dois me rendre à l'hôpital toutes les semaines pour être pesée.

Alors, pour que les infirmières ne se rendent pas trop compte de ma perte, je me leste. Je remplis mes poches de tout ce que je peux trouver de petit et lourd. Une fois encore, j'arrive à passer à travers les mailles du filet. Je pourrai terminer mon année universitaire tranquillement.

Je ne me sens pas du tout fatiguée. Les beaux jours arrivent et, enfin, je n'ai plus trop froid. Je vais au sport deux fois par semaine sur le campus et le week-end, je fais des dizaines de kilomètres en vélo d'appartement. Je me sens en pleine forme. Pourtant, je me leurre.

La maladie m'aveugle. Mais je ne suis plus qu'un corps recroquevillé dans l'ombre de la vie, plus rien n'a de sens que le nombre de calories et les aliments ingérés. Je ne parviens plus à réfléchir et quand je pense je ne conceptualise plus qu'une succession de diaboliques chiffres fous qui tournoient dans ma tête.

Si je n'éprouve pas la fatigue, c'est parce que je suis bien trop épuisée pour ressentir encore quelque chose. La preuve de mon épuisement ne tarde pas à arriver. Un après-midi, en sortant de la fac, je décide de prendre le bus pour me rendre au centre-ville. D'habitude, je parcours les quelques kilomètres à pied mais, ce jour-là, je manque de temps. Je me trouve à quelques centaines de mètres de l'arrêt lorsque je vois un bus qui arrive. Je me mets alors à courir pour ne pas avoir à attendre le suivant.

Mais mes jambes refusent de m'obéir. J'ai l'impression de courir au ralenti, mes jambes semblent s'enfoncer dans l'asphalte, j'avance à peine. Mes pieds ne me soutiennent plus et je m'affale brutalement sur le trottoir, sans avoir eu le temps de mettre mes bras pour me rattraper. Mon visage me brûle, mais je me relève et me dépêche d'entrer dans le bus que des étudiants avaient maintenu ouvert afin que je puisse monter. Tandis que j'essaie de reprendre mes esprits, quelques personnes me demandent si ça va, si j'ai besoin d'aide. Je leur réponds que tout va bien mais au fond, j'ai envie de pleurer. Je me ressaisis peu à peu. Ce n'est qu'en rentrant le soir que je constate l'ampleur des dégâts. Ma lèvre supérieure a triplé de volume, une partie de mon visage est complètement éraflée. Mes mains ainsi qu'une partie de mes bras sont dans le même état. Étrangement, ce n'est pas le fait d'avoir mal qui me perturbe le plus mais l'explication que je pourrai bien fournir à mes parents lorsque je rentrerai le week-end suivant, pour sauver les apparences et ne pas les inquiéter…

C'est à ce moment que je décide d'accepter la proposition qui m'avait été faite de me faire soigner dans un service spécialisé. Quelques semaines plus tôt, j'avais refusé cette idée, parce que je ne me sentais pas faible.

Mais cette chute venait de me prouver le contraire. Par contre, si j'intégrais l'hôpital, ce n'était en aucun cas dans l'espoir que tout soit terminé à la sortie. Je voyais plutôt cela comme un moyen de me remettre un peu en forme au niveau intellectuel.

En fait, je ne voulais plus passer mon temps à compter ni à avoir peur de ne pas être capable de tenir debout. Je savais qu'en sortant, je serais physiquement rétablie. Mais je savais aussi que je n'accepterais pas ce corps « rempli ». Prendre du poids pendant l'été me donnerait simplement la possibilité d'avoir plaisir à en perdre de nouveau tout au long de l'année.

Cela peut sembler vraiment fou, mais le fait d'envisager une vie de Sisyphe, loin de m'apeurer, me rassurait. Je demeurerais dans un cycle connu, dans lequel j'éprouvais la joie de tout contrôler pendant des mois et un semblant de bien-être à me laisser aller quelques semaines.

Quelques jours après cet accident, coup de fil de l'hôpital. Une place dans un service spécialisé dans les troubles de l'adolescence se libère mi-juin. Cela me laisse juste le temps de passer mes derniers examens pour obtenir la validation de ma première année de DEUG. Je ne parviens pas à comprendre aujourd'hui comment j'ai bien pu réussir à passer les épreuves haut la main sans aucune ressource physique et sous la chaleur de plomb de ce début d'été 2003, annonçant les prémices de la canicule. Je dois aussi expliquer ici que ma vie est doublement mise en danger à ce moment. Car non seulement je ne mange quasiment rien, mais je ne bois quasiment rien non plus.

Je me contente d'un fond de verre d'eau le midi et le soir. L'idée même d'imaginer le moindre poids supplémentaire dans mon estomac m'angoisse. Ce n'est plus juste une question de calories. C'est le poids des aliments et des liquides qui m'obsède.

Et malgré la chaleur plus que suffocante des amphithéâtres bondés durant les partiels, je me refuse à avaler la moindre goutte d'eau supplémentaire !

Les examens sont à peine terminés que me voilà en train de préparer mes bagages. C'est moi qui ai souhaité me faire hospitaliser. Mais pas pour me soigner. Juste pour faire plaisir à mes parents. Et pouvoir continuer mes études. Avant de partir, j'ai encore perdu du poids. La veille, je trouve le moyen de pédaler plusieurs heures sur le vélo d'appartement, prenant un plaisir intense à la vue du nombre des calories brûlées qui défilent sur le compteur à côté des kilomètres parcourus. Je mesure à quel point ces efforts sont vains puisque dès le lendemain, je devrai fournir des efforts pour reprendre du poids. Mais peu importe l'absurdité de mon comportement. Je continue à pédaler. Ce n'est d'ailleurs plus moi qui pédale mais la maladie. Moi, je suis ailleurs.

Lors de mon admission, je ne pèse plus que 33 kilos.

L'ivresse d'un instant je tente
De me perdre dans le jour errante
On me voit mais nul ne s'arrête
Je ne suis qu'une ombre imparfaite

Je ne sens rien Ni le vent soufflant sur ma peau
Ni les gouttes tombant du ciel l'eau
Je ne vois plus dans la glace mon reflet
Peu à peu mon corps disparaît

Qui pourra saura me voir
Allumer la bougie dans le noir
Peut-être quelqu'un qui me ressemble
Avec qui je pourrais vivre Ensemble

Mais là j'erre invisible
Ne suis qu'un spectre nuisible
Rien ne peut stopper ma lancée
Contre les murs je ne peux me cogner

(Léa – avril 2001 – 16 ans)

VII

« Oui, je sens que mon âme est cadenacée dans le verroux de mon corps, et qu'elle ne peut se dégager, pour fuir loin des rivages que frappe la mer humaine et n'être plus témoin du spectacle de la meute livide des malheurs, poursuivant sans relâche, à travers les fondrières et les gouffres de l'abattement immense, les isards humains. »

(Lautréamont)

Été 2003

Je remarque que j'ai très peu parlé de mon rapport à mon poids et à mon corps à cette période. Sans doute parce que l'idée de corps même est devenue obsolète. Si je veux tant me débarrasser de mon corps à l'époque, ce n'est pas, comme je crois l'avoir déjà dit, pour des raisons « esthétiques ».

Je pense sérieusement qu'en ne mangeant pas, qu'en ne me préoccupant pas de mon corps, mon âme s'élèvera et que je pourrai ainsi accéder à un état de conscience supérieur, loin des problèmes terrestres. Mais paradoxalement, moi qui souhaite au plus profond de mon être me débarrasser de ce corps, je n'en ai jamais été aussi proche. Tous les soirs, dans mon lit, je consacre plusieurs minutes à passer mes mains sur mes os saillants. Je trouve cette sensation de toucher mes os rassurante, comme si j'avais besoin d'une preuve palpable qu'il ne subsiste de mon être charnel que le strict nécessaire.

Toutefois, si je prends un plaisir malsain à caresser les os de mon bassin, je suis loin de me sentir attirante pour les autres. Lorsque je me regarde dans le miroir, je ressemble davantage à un cadavre animé qu'à un être vivant. À cette époque, j'ai clairement conscience de ma maigreur et ne suis pas fière de ne pas me sentir jolie et désirable.

Malgré tout, l'idée même de prendre quelques grammes me terrifie. Je ne crois pas encore avoir évoqué le rôle prédominant que joua cet objet du quotidien en apparence anodin qu'est la balance. Mes parents possédaient une balance électronique dans la salle de bains. Il s'agissait d'un modèle déjà assez ancien puisque sa précision n'excédait pas une approximation aux 200 grammes près.

Néanmoins, je crois que si cette balance avait eu le don de parole, elle serait devenue mon gourou ! Tous les matins en me levant, mes premières actions étaient de me rendre à la salle de bains, de me déshabiller et de monter sur la balance.

Pas une fois, mais pas moins de trois ou quatre fois, afin d'être bien sûre du chiffre indiqué. J'enfilais ensuite les vêtements que je porterais dans la journée et recommençais le processus de pesées. Puis, je calculais la différence entre les deux résultats. Ainsi, je pouvais me peser tout au long de la journée, afin de connaître les moindres variations de mon poids, sans avoir sans cesse à me déshabiller. Juste avant ma deuxième hospitalisation, je pouvais me peser plus d'une cinquantaine de fois dans la journée.

Le poids affiché me permettait ensuite de savoir si je pouvais me laisser le droit d'avaler quelque chose ou si je devais monter sur le vélo d'appartement. Les semaines passées dans mon studio représentaient alors pour moi une souffrance considérable puisque je ne possédais pas de pèse-personne.

Je vivais donc toute la semaine dans l'angoisse de prendre le moindre gramme. Évidemment, cette angoisse me confortait dans l'idée d'absorber toujours moins de calories, toujours moins d'aliments, toujours moins d'eau, pour être bien certaine que le poids affiché sur la balance le vendredi soir ne dépasse pas celui du dimanche précédent. Bien sûr, le poids du vendredi soir était toujours inférieur.

Je ne me souviens plus très bien de ce jour de juin lors duquel je quittai le domicile familial pour me rendre au CHU si ce n'est qu'il faisait très beau.

Toute ma famille m'avait accompagnée. J'ai passé un entretien seule, avec une interne qui m'a expliqué en quoi consistait le contrat.

En gros, je devais prendre du poids pour avoir le droit de remuer le petit doigt. Ensuite, nous avons un entretien avec une psychiatre qui explique le protocole à mes parents. Je savais exactement à quoi m'attendre en arrivant là-bas, je savais que ça n'allait pas être facile, mais j'étais décidée à reprendre du poids pour aborder ma deuxième année de fac dans les meilleures conditions possible. Car, oui, c'était sûr, je serais dehors avant la rentrée fin septembre !

Je me rappelle encore de mes parents repartant pour la maison, des larmes de ma mère qui me faisait signe, qui faisait signe à sa fille restée derrière des barreaux ! Eux qui avaient été si fiers de leur fille jusqu'à présent. Qui n'avaient cessé de la montrer en exemple. Ils ne pourraient sans doute eux non plus effacer cette image de leur esprit.

D'épais barreaux en fer forgé quadrillaient donc les fenêtres de cette unité pour adolescents. On se serait plutôt cru dans un vieux pénitencier. Voilà l'endroit où j'allais passer mes vacances d'été.

Je partageais ma chambre avec une autre fille, un peu plus jeune que moi, qui était admise pour tentatives de suicide à répétition. Ironie du sort : elle était en surpoids et faisait un régime et tandis qu'elle fournissait de nombreux efforts pour n'avaler que ses légumes, je devais faire preuve d'une volonté de fer pour ne pas laisser une miette dans mon assiette.

Je me suis installée et, très rapidement, me suis aperçue que j'étais la plus âgée du service. Seules deux autres filles étaient présentes pour la même raison que moi. Le reste des jeunes patients était là à cause de tentatives de suicide ou pour de graves problèmes d'autisme.

Le lendemain de mon arrivée, on commença par me prendre ma tension qui était très faible.

Une personne « normale » serait au minimum incapable de se lever, au pire inconsciente avec une tension pareille. Moi, je me sentais en pleine forme ! Ensuite, on me fit une prise de sang afin d'évaluer mes différentes carences, puis on me pesa.

Je reçus la visite d'un médecin plus tard dans la matinée. Il me prescrivit les mêmes antidépresseurs que j'avais pris quelques semaines auparavant (mais que j'avais arrêtés dès ma sortie de l'hôpital) et des anxiolytiques.

Malgré le traitement, censé me calmer, je fus incapable de fermer l'œil durant toute une semaine. Ma voisine ronflait mais, de toute façon, je n'étais absolument pas fatiguée. Passer d'une intense activité physique quotidienne à l'oisiveté totale me perturbait beaucoup. Les infirmières refusaient que je quitte ma chambre et venaient sans cesse vérifier que je ne sois pas en train de faire du sport.

Dès que l'une d'elles me voyait debout, elle m'obligeait à m'asseoir. Au bout de sept nuits sans sommeil, je finis par demander un somnifère.

Pas tant parce que j'étais fatiguée mais plutôt pour éviter de passer de longues heures supplémentaires d'ennui nocturne. Après avoir dormi plus de dix-huit heures d'affilée et me retrouver totalement déconnectée avec ce qui m'entourait, je refusai de reprendre quoi que ce soit pour dormir.

Malgré ces problèmes de sommeil, je m'étais assez bien acclimatée à la vie du service même si je m'ennuyais profondément. Quand tout le monde partait en balade l'après-midi, je devais rester pour

« me reposer ». La seule chose qui occupait mes journées était les repas et, quelques fois par semaine, les rendez-vous avec les psys. Je crois bien avoir terminé mon plateau dès le premier dîner pris à l'hôpital. La nourriture, en barquettes, était infecte. Comment peut-on décemment espérer redonner goût à la nourriture avec ce genre de plats insipides à l'apparence douteuse ? Les heures qui suivaient les repas étaient terribles. Mon ventre me faisait atrocement souffrir.

Mais je me disais que ce n'était qu'une question de temps, que ça passerait au bout de quelques jours, une fois que mon estomac aurait repris l'habitude de recevoir des aliments.

Je n'avais donc ni le droit de sortir avec les autres, ni d'appeler ou d'écrire à mes proches. Il me fallait absolument prendre du poids. En deux semaines à peine, je pris presque 5 kilos.

Puis je stagnai quelques jours. À ce moment, je me souviens que mon ancien psy était passé me rendre visite. La seule chose qu'il réussit à me dire alors fut : « Vous comptez rester à 38 kilos toute votre vie ? » En entendant cela, j'ai vraiment dû me retenir pour rester polie et ne pas lui envoyer ma main dans la figure. J'étais hors de moi. Je venais d'accomplir un effort qui me paraissait surhumain, je me trouvais énorme et complètement difforme et il osait me sortir un truc pareil ! Quelle délicatesse ! Je me demandais comment il avait pu devenir psychiatre ! C'était tout bonnement hallucinant ! À moins qu'il ne cherche à me mettre en colère pour produire un électrochoc ? Au même moment, je me remémore l'une des toutes premières discussions que j'eus avec lui. Ce devait être au mois de novembre.

Un mois auparavant, un soir, alors que je regardais tranquillement la télévision, mon père était rentré dans la salle de jeux et m'avait déclaré, d'un ton sentencieux : « Tu fais de l'anorexie mentale. »

Je lui avais répondu que non, bien que consciente de mon état. Sans tenir compte de ma réponse, il assura que je devais me faire soigner et qu'il avait réussi à me décrocher un premier rendez-vous chez un psychiatre. Je n'eus guère mon mot à dire.

À partir de là, quelque chose se brisa entre mon père et moi. Par la suite, il n'évoqua quasiment plus jamais la maladie, choisissant de se murer dans le silence à ce sujet. Silence qui pour moi était bien plus dur à supporter que n'importe quelles paroles.

Nous qui étions encore si proches quelques mois auparavant, partageant chacun de nos mardis soirs à pratiquer du sport ensemble, voilà que nous ne pouvions plus nous parler sans une certaine gêne.

Mais revenons au sujet qui nous intéresse. À la base, je n'étais pas contre le fait d'aller voir un psy, même si je n'en comprenais pas trop l'intérêt et le faisais surtout dans le but de rassurer mes parents. Je dois même avouer que j'étais plutôt curieuse.

Le premier rendez-vous se passa moyennement. Je ne me sentais pas vraiment prête à déballer ma vie à un parfait inconnu. Il me semble que mon père était présent mais je n'en suis plus très sûre. Par contre, je me souviens très bien de notre deuxième rencontre.

Comment oublier ce que je jugeai comme un tissu d'inepties et ce dialogue qui me sembla alors surréaliste ? Voilà un extrait de la discussion telle qu'elle m'apparaît dans mes souvenirs – sans doute la stupeur et le temps les ont-ils condensés, les paroles ne sont donc pas exactes – mais dans les grandes lignes, voici ce que mon esprit en a retenu :

« Est-ce que vous rêvez ?

— Oui, mais je ne me souviens pas toujours de mes rêves. Pourtant, j'essaie de les retenir, car j'aime bien rêver.

— Hum… Rêvez-vous de sexe ?

— Non, pourquoi ? Je devrais ?

— Peut-être. Rêvez-vous de nourriture ?

— Cela m'arrive. Ah oui, la semaine dernière, j'ai rêvé que je me rendais au restaurant universitaire avec mon père et un de mes frères. J'angoissais un peu car je n'aime pas trop le resto U, il y a trop de monde, les odeurs de nourriture et de friture sont trop fortes. Bref. Arrivés dans la grande salle pour choisir son repas, eux se sont dirigés vers le buffet où se trouvaient des saucisses et moi je suis allée au stand du poisson et j'ai demandé un poisson cru. Je me souviens très bien de les voir devant moi dans la file d'attente à la caisse avec leurs saucisses et de les suivre avec mon poisson cru dans l'assiette.

— Ah… Et ce poisson, il était carré ou il avait vraiment la forme allongée d'un poisson ?

— C'était un poisson tout ce qu'il y a de plus normal, comme s'il venait d'être pêché. Et mon rêve s'est arrêté là.

— Bien. Je vois. Il doit y avoir un problème avec le sexe.

— Quoi ? Mais quel est le rapport ?

— Les saucisses cuites, que les représentants masculins de votre famille ont choisies, représentent l'accomplissement de l'acte sexuel. Tandis que le poisson cru, qui possède à peu près la même forme qu'une saucisse, symbolise l'absence de désir, la frigidité. C'est parfaitement clair.

— Si vous le dites ! »

Si je trouvais cette explication totalement saugrenue et hors de propos, la suite de la séance me conforta dans ma première impression. Juste après, il voulut savoir s'il m'arrivait de me masturber.

J'ai sans doute dû devenir toute rouge en entendant cela. Je ne voyais absolument pas où il souhaitait en venir ni le rapport avec ce qui m'amenait dans son cabinet. Ensuite, il me demanda :

« Est-ce que vous faites la cuisine ?

— Rarement. Je n'ai jamais vraiment appris à cuisiner et ça ne m'intéresse pas vraiment.

— Ah oui ! Il ne vous arrive même pas de faire des desserts ?

— Non. En général, c'est mon père qui les fait. Il adore ça. Et puis, moi, je ne sais même pas casser des œufs !

— Vous ne savez pas ou vous n'aimez pas ?

— Les deux ! Quand il m'arrive d'en casser, je les explose. Du coup, je me retrouve avec du blanc sur les doigts et je déteste cette texture.

— Pourquoi ? Cela vous fait-il penser à du sperme ?

— Pardon ? Quel est le rapport ?

— Non, aucun… Avez-vous été séparée de votre mère à la naissance ?

— Je crois avoir été mise en couveuse une journée. D'ailleurs, c'est drôle, mais j'étais trop grande pour la couveuse !

— Ah. Je crois que le fait que vous n'arriviez pas à casser des œufs vient du fait que vous n'êtes pas séparée de votre mère. L'œuf, voyez-vous, dans votre inconscient, symbolise le ventre maternel. Vous, vous ne pouvez pas le casser car vous n'avez pas envie de sortir de son ventre. Vous ne faites pas à manger car c'est votre mère qui est censée vous nourrir via le cordon ombilical… Vous comprenez ?

— Je comprends mais je trouve que c'est un peu tiré par les cheveux… Je ne suis pas vraiment d'accord avec votre interprétation. Voilà plus d'un an que je rêve de partir de chez moi, de voler de mes propres ailes. En outre, je suis beaucoup plus proche de mon père que de ma mère. Je ne me sens pas du tout proche d'elle. Je ne lui ressemble pas. Par conséquent, votre histoire ne tient pas debout ! »

L'entretien se prolongea encore quelques minutes mais je ne l'écoutais que d'une oreille. Je ne voyais pas vraiment le rapport entre le fait de ne pas manger et mon problème avec les œufs.

Je me demandais s'il n'allait pas finir par me sortir que j'étais une névrosée frigide qui rêvait de retourner dans le placenta de sa mère, laquelle était une ogresse qui cherchait à l'engraisser – et ça, c'est la version la plus édulcorée de toutes mes hypothèses ! J'en avais assez entendu. Je retournerais le voir pour faire plaisir à mes parents mais ne lui dirais jamais quoi que ce soit d'intéressant.

Et dire qu'il fallait compter une dizaine d'années d'études pour sortir de telles conclusions de manière aussi froide ! Quel fin psychologue !

J'avais vraiment l'impression d'avoir à faire à un robot qui me récitait son Freud ! Évidemment, j'ai totalement effacé de ma mémoire tous les entretiens suivants. Je me demandais bien de quelle manière il aurait pu me servir ses hypothèses encore plus brutalement et comment il pouvait s'imaginer que des interprétations livrées de la sorte puissent être bénéfiques à la jeune fille que j'étais.

Mais revenons à mon séjour à l'hôpital…

Les jours passaient. Comme j'avais pris du poids assez vite et que je disais aux soignants ce qu'ils voulaient entendre lors des entretiens, j'obtins très rapidement l'autorisation de participer aux sorties en groupe puis toute seule puisque j'étais majeure.

Les journées étaient vraiment sans fin. Heureusement pour moi, j'avais apporté tous les tomes de *La Recherche du temps perdu.*

À quel autre moment de ma vie disposerais-je d'autant de temps pour lire Proust si ce n'était maintenant ? Et puis, autant que le temps passé à l'hôpital ne soit pas totalement perdu. Je me souviens d'un matin où, alors que j'étais sur mon lit en train de lire, le professeur du service – qui me faisait plutôt penser à un vieillard sénile – entra dans la chambre, suivi d'une dizaine d'étudiants. Après m'avoir demandé de mes nouvelles, il me posa cette étrange question : « Mais, dites-moi, Proust, ce n'est pas trop compliqué pour vous ? Pourquoi n'allez-vous pas regarder les dessins animés avec les autres ? »

Mes yeux se sont écarquillés. Ses paroles me paraissaient surréalistes. Je venais de boucler ma première année de lettres, j'étais quasiment major de promo, et celui qui était censé me guérir ou, en tout cas, diriger l'équipe en charge de le faire me posait ce genre de question !

Mais dans quel endroit étais-je tombée ? Je dus vraiment me faire violence pour ne pas éclater d'un rire nerveux avant de lui rétorquer que j'avais passé depuis bien longtemps l'âge et le niveau intellectuel de perdre mon temps devant *Les Bisounours* !

Heureusement, quelques personnes étaient dignes d'intérêt. En particulier, la jeune interne en psychiatrie que je voyais en entretien deux fois par semaine.

Elle était très jolie, et son visage, d'une extrême douceur, reflétait un esprit à la fois calme et compétent. Je me livrais assez facilement à elle. Évidemment, je n'étais pas toujours sincère, car au fond, tout ce que je voulais, c'était rentrer chez moi au plus vite.

Alors, quand j'eus repris encore 4 kilos, je ne dis pas que je me sentais horrible. J'adoptais le comportement exact qu'ils voulaient que j'adopte même si cela me coûtait. Je ne comptais pas m'attarder plus de deux mois dans cette prison.

Au bout d'à peine un mois et demi, j'avais repris 13 kilos. Je pouvais partir me balader tous les après-midi mais toujours pas appeler mes parents. Comme je suis respectueuse des règles, je ne le tentai même pas lors de mes sorties.

J'en profitai plutôt pour visiter tous les musées de la ville – seuls endroits où l'air était respirable en cet été caniculaire. J'aimais aussi m'asseoir à l'ombre, regarder les passants et m'imaginer la vie qu'ils pouvaient avoir. Je passais enfin par des épiceries pour m'acheter des gâteaux que je dévorais le soir devant la télé. Si je m'étais contentée de mes repas, je n'aurais sans doute pas pris de poids aussi vite.

Quelques semaines après mon arrivée, je changeai de voisine de chambre. La nouvelle conservait tout un placard de confiseries. Lorsqu'elle partait le week-end – alors que je ne pouvais pas encore sortir – elle me disait de me servir puisqu'elle en rapporterait le double le dimanche.

Je commençai d'abord par me refuser à prendre quelque chose. Mais un samedi soir, alors que je n'avais quasiment pas touché à l'espèce de bœuf en sauce et aux pois secs servis par plus de 40 °C à l'extérieur, je me décidai à ouvrir le tiroir.

Au début, je ne pris qu'une barre chocolatée. Puis, quelques minutes plus tard, j'en repris une autre, puis encore une autre, jusqu'à finir le paquet. J'étais écœurée.

J'avais conscience que ce que je venais de faire n'était pas normal. Je filai aux toilettes dans l'espoir de me faire vomir mais rien ne sortit de ma gorge. Je me sentais mal. Je me mis à pleurer.

Sans savoir encore que je venais de rentrer dans un engrenage bien plus terrible que celui que j'étais en train de quitter.

VIII

Été 2003

L'enfer de la boulimie commença. Trouver de la nourriture et manger étaient devenus mes seules occupations à l'hôpital. Au début, ce fut assez facile, puisque ma voisine de chambre recevait beaucoup de visites. Ses proches lui apportaient des sacs remplis de biscuits, chocolats et autres sucreries.

Comme elle ne pouvait pas tout manger, elle m'en proposait souvent. Mais elle ne resta pas plus de quinze jours dans l'unité. Pour combler mes besoins, alors que je n'avais toujours pas le droit de sortir seule, je me mis donc à voler. Bien sûr, je n'en étais pas fière et j'en ai encore honte aujourd'hui.

Mais la montée d'adrénaline que me procurait cet acte à chaque fois me faisait un peu oublier ce sentiment de culpabilité. Je dérobais donc des biscuits secs dans la cuisine. J'avais repéré, qu'à certaines heures, les infirmières partaient boire leur café en oubliant de fermer la porte à clef. J'en profitais alors pour me rendre le plus rapidement et le plus discrètement possible dans la cuisine et piochais dans les cartons de biscuits. J'opérais de la même manière pour m'approvisionner en compotes. Lorsque nous mangions dans la salle prévue à cet effet, les patients laissaient dans le réfrigérateur les desserts dont ils ne voulaient plus. Cette salle aussi était censée être fermée lorsqu'elle était inoccupée, mais je m'arrangeais toujours pour y pénétrer à l'insu de mes gardiens. En un mot, j'étais devenue une cambrioleuse de frigo professionnelle ! Toutefois, je n'eus pas à pratiquer cet art très longtemps puisque quelques jours plus tard, comme le poids repris avait été jugé suffisant par les hautes instances du service, je pus enfin passer plusieurs après-midi par semaine seule, à l'extérieur.

J'étais donc devenue boulimique. Ou plutôt, devrais-je dire, l'hôpital m'avait rendue boulimique. Comment aurait-il d'ailleurs pu en être autrement avec de telles méthodes. Obliger les patientes à reprendre un maximum de poids en un minimum de temps, forcément, cela ne pouvait pas se faire sans dommages collatéraux. Le problème d'ailleurs n'était pas seulement la question du poids, mais celle de l'ennui. Que pouvait-on bien faire d'autre si ce n'était attendre l'heure du prochain repas ? Seuls les pesées, la nourriture et les entretiens qui finissaient invariablement par tourner autour de la nourriture rythmaient ces longues journées d'été. À part manger et tenter de découvrir le menu du repas suivant, nulle occupation. Le pire, dans tout cela, c'est que je n'ai absolument rien vu venir. Je ne savais pas ce qu'était la boulimie. Pour moi, je retrouvais seulement goût à la vie et aux bonnes choses. Mon seul problème, c'est que je reprenais du poids très vite et que mon corps me semblait complètement difforme. Mon ventre était, de façon objective, énorme par rapport au reste de mon corps. Le poids gagné en si peu de temps ne s'était pas réparti de façon harmonieuse. Mon ventre et mes joues étaient donc gonflés tandis que mes bras et mes cuisses demeuraient très fins. Je n'avais encore pas conscience du tout que le fait de me remettre à manger allait devenir pour moi une maladie bien plus pernicieuse que le mal pour lequel j'avais intégré ce service. Tant que je suis restée à l'hôpital, les symptômes ne se sont pas trop démasqués. Comme nous étions très surveillés, je ne pouvais pas manger toute la journée et, même si j'absorbais une quantité assez importante de nourriture, mes écarts restaient encore raisonnables.

Ma première crise véritable se déroula lors de ma première permission autour du 15 août. J'avais enfin obtenu l'autorisation de rentrer chez moi pour un week-end. Mes parents étant partis en vacances avec mes frères, c'est mon grand-père qui vint me chercher à la gare. Il m'accompagna à la maison, passa un bon moment avec moi avant de me laisser seule pour la soirée. Seule. La veille encore, et même le matin dans le train, je rêvais de me retrouver seule chez moi et de pouvoir profiter de cette liberté retrouvée.

Mais maintenant que j'étais seule, face à moi-même dans cette maison vide, je me sentais complètement perdue, désorientée. Peut-être que tout aurait été différent si mes parents avaient été présents à ce moment-là... Mais, seule, je ne savais pas quoi faire. Je décidai donc de me préparer à manger puisque la soirée débutait. C'est alors que j'ai commencé à manger sans pouvoir m'arrêter – même si, en comparaison avec mes crises à venir, je crois me souvenir n'avoir rien fait de plus qu'un repas trop copieux.

Toujours est-il que j'avalai plus de nourriture que mon corps et mon esprit n'en pouvaient supporter. Je devais impérativement trouver une solution pour ne pas avoir à subir trop durablement les conséquences de ce repas. La solution fut de me faire vomir. Je me rendis aux toilettes, me pliai en deux au-dessus de la cuvette et enfonçai l'index et le majeur de ma main droite au fond de ma gorge.

Mais rien ne sortait de mon corps. C'était comme si ce dernier refusait de laisser partir ce dont je l'avais si longtemps privé. Mais je m'acharnai. J'en avais les larmes aux yeux et la marque de mes dents commençait à s'imprimer sur mes doigts. Je ne me souviens pas combien de temps j'ai pu rester dans cette position, mais cela me parut alors une éternité.

Au bout de plusieurs minutes, mes efforts furent enfin récompensés et je commençai à régurgiter les aliments dévorés plus tôt. Je ne vomis sans doute qu'à peine la moitié de ce que j'avais avalé, mais je me sentis profondément soulagée. Il ne me resterait aucune séquelle de ce repas. Ce que je ne savais pas, c'est que l'acte contre-nature que je venais de commettre n'était que le début d'un engrenage mortifère.

IX

Été 2003

Dimanche soir : retour à l'hôpital. Et changement de service en raison du manque de personnel pendant les vacances. Ces nouveaux locaux étaient beaucoup plus agréables que les premiers. Plus de barreaux aux fenêtres, plus de murs en pierre, chambre simple… Quel luxe ! Le seul problème, c'est que je n'ai pas la télévision dans ma chambre, ce qui m'oblige à me rendre dans la salle commune.

Nous sommes dimanche soir et je reviens tout juste de ma permission. Évidemment, je ne suis absolument pas heureuse de me retrouver de nouveau enfermée.

Toutefois, je me fais une raison. Si les soignants m'ont accordé une permission, cela signifie que mon hospitalisation ne va plus s'éterniser.

J'attends donc avec impatience mon entretien avec l'interne le lendemain pour lui dire que mon week-end s'est bien passé. Bien sûr, je n'évoquerai pas la crise ni les vomissements. Les médecins seraient capables de me garder des mois supplémentaires si je lui confiais ce genre de chose. L'entretien se déroulant bien, j'en profite pour demander quand je pourrai rentrer chez moi définitivement. Et là, contre toute attente, la réponse n'est pas du tout celle que j'escomptais.

Moi qui pensais n'en avoir plus que pour une quinzaine de jours au grand maximum, voilà qu'on m'annonce que l'on veut me retenir pour un bon mois encore ! Je n'en reviens pas ! À croire qu'ils prennent plaisir à regarder les gens s'ennuyer dans leur bocal ! L'interne me demande si je comprends ce choix et moi, bêtement, je réponds que oui, bien sûr, si elle pense que c'est mieux ainsi, c'est que ce doit être le cas. Je lui avoue quand même que cela me paraît très long, mais sans plus.

Alors que je prononce ces mots, je sens ma gorge se nouer. Je fais tout mon possible pour retenir les larmes qui me montent aux yeux. Non pas des larmes de tristesse mais de colère. J'ai envie de tout casser, de partir en courant.

De toute façon, ils ne peuvent pas me retenir contre mon gré, je suis majeure. Si je décide de partir, personne ne pourra me retenir, ma vie n'est plus en danger, je mange, je suis guérie !

Comment aurais-je pu imaginer que si j'avais déversé ma colère à voix haute, les médecins m'auraient accordé la sortie sur-le-champ ? En fait, ils n'attendaient que cela, que je me lâche, que j'arrête de me comporter en petite fille modèle. Mais qu'y puis-je ? Je suis d'un tempérament calme et je conserve précieusement chaque émotion en mon for intérieur. D'ailleurs, à l'époque, je ne ressentais que rarement des émotions. J'avais tellement l'habitude de les enfouir, à peine avaient-elles éclos que je n'avais plus l'impression de ressentir quoi que ce soit d'intense.

J'avais donc réussi à ravaler ma colère sans rien en laisser paraître. Toutefois, ce calme de façade ne dura pas longtemps. L'après-midi, alors que je regardais un documentaire à la télévision, un tout jeune patient atteint d'autisme fit irruption dans la salle. Je me méfiais beaucoup de ce garçon car il avait parfois des accès de violence incontrôlés et incontrôlables.

Le plus souvent, les infirmiers l'enfermaient dans une chambre d'isolement et on l'entendait hurler et se débattre dans tout le service. Je trouvais cette manière de faire complètement inhumaine.

Je m'imaginais le pauvre enfant attaché à son lit, se débattant, seul, dans une cellule vide, blanche, impersonnelle. Mais revenons à cet après-midi.

Je regardais donc tranquillement l'émission, assise dans un fauteuil, lorsque je le vis entrer. Il ne semblait pas dans son état normal. Je lui demandai s'il allait bien mais il ne me répondit pas.

Il semblait errer tel un spectre, sans but. Il fit le tour de la pièce avant de s'arrêter devant moi. Il me regarda fixement. Je réitérai alors ma demande.

Et là, sans que j'aie le temps de réagir, il se jeta sur moi et me flanqua une grosse gifle. Mes lunettes s'envolèrent à l'autre bout de la pièce. Alors qu'il revenait à la charge, j'eus le réflexe de me protéger en remontant mes jambes contre mon corps. Je le repoussai avec force à l'aide de mes pieds et criai à l'aide. Une infirmière arriva mais elle dut appeler un collègue pour réussir à contenir l'enfant surexcité. Un peu sonnée, je regagnai ma chambre, sortis mon portable et téléphonai à mes parents – malgré l'interdiction.

Je ne me souviens plus qui de mon père ou de ma mère décrocha. Je ne me rappelle même plus s'ils décrochèrent au premier coup de fil.

Quand j'eus quelqu'un en ligne, je dis que je voulais sortir tout de suite, que je ne voulais plus rester avec tous ces fous avec lesquels je n'avais rien à faire. Mes parents me dirent qu'ils comprenaient mais que c'était pour mon bien, que je devais rester encore. Ils me dirent également qu'ils préviendraient le service que je les avais appelés puisque le protocole l'exigeait.

Mais qu'est-ce que j'en avais à faire de ce maudit contrat ! Ne comprenaient-ils donc pas que je n'étais pas à ma place là-bas ? Que j'étais guérie et que je n'avais plus rien à faire, que je n'avais jamais rien eu à y faire ! C'était moi qui avais décidé d'y entrer, d'accord, mais là, je voulais partir, un point c'est tout ! Personne ne me retiendrait une seconde de plus contre ma volonté !

Entre-temps, j'avais raccroché le téléphone. Je n'aurais jamais cru mes parents si prompts à appeler le service. Effectivement, cinq minutes à peine après notre discussion, une infirmière frappait à ma porte. Quand elle me demanda pourquoi j'avais rompu le contrat, je ne pus m'empêcher de prendre un ton sarcastique et de lui demander si elle ne se moquait pas de moi. J'exigeai de voir la chef de service ainsi que l'interne. Elle me répondit qu'ils étaient en réunion. Je m'en moquais, je voulais les voir tout de suite. Elle alla les chercher. Je leur expliquai alors les faits sur un ton de colère froide.

Je bouillais intérieurement mais je voulais donner l'impression d'une grande maîtrise. Je ne voulais pas passer pour une hystérique. Ils se concertèrent quelques secondes et la psy finit par me dire :

« Pourquoi ne vous êtes-vous pas révoltée ainsi plus tôt ? Nous n'attendions que cela, que vous dépassiez les limites, que vous outrepassiez les règles. Pour la première fois, vous exprimez véritablement vos sentiments, votre colère. Enfin, vous avez appris à dire "non". »

Je n'en revenais pas. Voilà donc ce qu'ils attendaient ! Que je me révolte ! Enfin, puisqu'ils avaient obtenu ce qu'ils recherchaient, je pouvais partir. Ils me donnèrent leur accord. Je pourrais rentrer chez moi le surlendemain, le temps qu'ils s'occupent de la paperasse et que je puisse bénéficier d'un dernier entretien.

C'est mon grand-père et mon cousin qui vinrent me chercher puisque mes parents étaient toujours en vacances. J'étais heureuse de voir ce dernier. Depuis le décès de sa sœur neuf ans auparavant, je ne l'avais revu que pour les obsèques de ma grand-mère un an plus tôt. À croire que nous ne pouvions nous rencontrer que dans de pénibles circonstances. Nous discutâmes tous les trois une bonne heure puis je repartis avec mon grand-père en direction de la maison. Après avoir passé la soirée ensemble, je restai seule chez moi. Je me sentais bien, libre.

Quelques jours plus tard, mes parents rentrèrent de congés. Ma métamorphose semblait leur procurer une immense joie. Ils me serrèrent dans leurs bras un long moment. Mais, de mon côté, même si j'étais heureuse de les retrouver, je me sentais extérieure à la scène, comme s'il s'agissait d'une autre personne que j'observais de loin.

Ce n'était pas la première fois que je ressentais ce phénomène étrange de dissociation de mon corps et de mon esprit. Je ne parviens pas vraiment à expliquer comment ni pourquoi j'ai cette impression. C'est comme si la réalité se dédoublait. Cette sensation particulière ne m'a jamais quittée depuis.

Non pas que je le ressente tous les jours, mais parfois, dans certaines situations, je me sens comme étrangère à moi-même et au monde qui m'entoure, comme si j'appartenais à un monde parallèle.

Quelques jours à peine après le retour de mes parents, je fis une première crise. Un après-midi, j'avalai un pot complet de pâte à tartiner. Bien évidemment, j'eus rapidement mal à l'estomac. Je parvins à vomir avec difficultés mais ne me débarrassai que d'une toute petite partie de ce que je venais de manger. L'heure du repas du soir approchait et je savais bien que je n'étais pas en mesure d'avaler quoi que ce soit. Je fus donc obligée de me confier à ma mère. J'avais honte de lui avouer ma faiblesse, une fois encore, j'allais les décevoir, eux qui étaient si heureux de me voir en forme, voilà qu'ils allaient se dire que, de nouveau, à peine sortie de l'hôpital, je refusais de manger. Mais, vraiment, je ne pouvais pas faire autrement. Je ne crois pas que ma mère comprit véritablement ce que je venais de lui expliquer. Elle ne me força toutefois pas à manger le soir. J'étais rassurée, mais je me sentais mal vis-à-vis de mes frères, de mon père.

Étrangement, alors même que je n'avais pas l'impression qu'elle me comprenait, je m'étais beaucoup rapprochée de ma mère. Jusqu'alors, j'avais toujours eu davantage d'affinités avec mon père. Mais il était devenu distant depuis le début de mes troubles. Il ne montrait rien de ses états d'âme, conservait une attitude très froide face aux événements.

Mais je savais que cette façon d'être devant moi et les autres n'était qu'une façade et qu'il lui arrivait de craquer dans l'intimité de la chambre conjugale. À mon grand regret, je parvenais de moins en moins à communiquer avec lui. Ma mère au contraire, au cours des derniers mois, avait fondu en larmes à de nombreuses reprises devant moi. S'acharnant à se demander ce qu'elle avait bien pu faire pour mériter cela. Mériter quoi ? Était-ce elle qui avait failli mourir de faim ? Était-ce elle qui torturait son corps pour lui faire cracher ce qui lui était vital ? Non. C'était elle par contre, un an auparavant, qui était si fière que sa fille décroche le bac avec un an d'avance, si fière de sa fille si parfaite, si belle, si mince. Elle ne pouvait pas savoir que quelques mois plus tard, le seul fait de me voir la ferait souffrir et pleurer. Je détestais ses crises de larmes et cette question qui revenait sans cesse dans sa bouche et qui me faisait culpabiliser de ne pas aller bien. En plus de s'attribuer mes réussites, fallait-il encore qu'elle s'attribue mes souffrances ? Et pourtant, je ne pouvais m'empêcher de la prendre dans mes bras pour la consoler. Pour la rassurer.

Pour lui dire que ce n'était pas sa faute, que je l'aimais et que tout s'arrangerait très vite. Je ne pouvais pas me mettre en colère contre elle. Je ne pouvais pas me rebeller comme les psys me le conseillaient quelques semaines plus tôt. Je ne pourrai jamais me mettre en colère contre elle. Comment se mettre en colère contre quelqu'un qui vous aime trop ? Je l'aime d'ailleurs trop moi-même pour le faire.

Début septembre, je décidai de prendre quelques jours de vacances dans le Sud. Je partis donc seule dans le petit studio de mon grand-père. Une fois arrivée, je dus aller faire des courses. Je n'avais jamais réfléchi jusque-là qu'une activité aussi banale puisse être une telle source d'angoisse.

Je devais me préparer des repas et j'étais totalement incapable de savoir ce dont j'avais envie. Une fois dans le magasin, tout devint flou autour de moi, je me sentais épiée, je ne savais pas ce que je voulais. Je finis par m'acheter une boîte de céréales tout en sachant très bien que je ne pourrais pas me nourrir de ça pendant une semaine. Je sortis du supermarché complètement angoissée. Tout me faisait envie dans le magasin mais dans un même temps, tout m'effrayait. Je crois bien être restée à l'intérieur plus d'une demi-heure pour n'acheter au final qu'un paquet de céréales. Comment pouvait-on être à ce point paniqué pour faire des courses ?

En y repensant aujourd'hui, je ne trouve plus cela aussi bizarre qu'à l'époque. En un an, je ne m'étais quasiment jamais rendue seule dans un supermarché. En général, j'accompagnais mes parents le week-end et je mettais quelques aliments – souvent les mêmes – dans le caddie.

Avant de choisir un aliment, j'étudiais avec soin les informations nutritionnelles. Je reposais systématiquement tous les produits trop gras ou trop caloriques. Évidemment, cette étude des emballages prenait un temps fou. Je pouvais passer une demi-heure dans un rayon à prendre un paquet, l'observer, le reposer et ainsi de suite avec tous les produits du rayon.

Tout ça pour ne rien choisir à la fin ou prendre exactement la même chose que la semaine précédente. J'imagine que si quelqu'un m'observait à la caméra de surveillance, il devait me trouver très louche ou complètement folle. Ensuite, comme à l'hôpital je ne décidais pas de mes repas, je n'avais pas non plus été confrontée à un quelconque choix.

Lorsque je m'étais rendue dans des épiceries de centre-ville pour acheter des gâteaux, je savais exactement ce qu'il me fallait. Il ne s'agissait pas alors vraiment de me nourrir mais d'assouvir une pulsion. Mais là, à l'autre bout de la France, ce n'était ni ma mère, ni l'hôpital qui étaient chargés de me préparer à manger mais moi seule. Et force était de constater que je m'en trouvais totalement incapable. Acheter de la nourriture pour me nourrir me terrifiait !

Durant toute cette semaine, je ne réussis pas une seule fois à me préparer un repas correct. Je mangeais n'importe quoi n'importe quand et rien que je dusse cuisiner. Évidemment, l'acte de me mettre à table pour manger était devenu incongru. J'avalais des céréales ou des gâteaux devant la télé après quoi je tentais de me faire vomir.

Le retour chez mes parents fut difficile. J'appréhendais de nouveau le moment de passer à table. En outre, j'avais aussi déjà perdu un peu du poids pris à l'hôpital. La rentrée approchait à grands pas et j'avais hâte de retourner à la fac. Je me disais que je pourrais bien mieux profiter de cette année que celle qui venait de s'écouler.

Le jour de la rentrée, mon unique préoccupation consistait à trouver l'amphithéâtre dans lequel exerçait mon ancienne professeure.

Je savais qu'elle ne s'occupait pas des étudiants de deuxième année mais j'avais très envie de la revoir et de lui montrer comme j'avais changé. Je me trouvais enfin mieux physiquement. Je m'étais affinée depuis la sortie de l'hôpital et avais retrouvé une silhouette plus agréable.

Lorsque je me présentai devant elle à la fin de son cours, elle ne me reconnut pas immédiatement. Elle n'en revenait pas de me voir en forme. D'ailleurs, personne dans mon amphi n'en revenait. L'année précédente, je n'avais guère créé de liens. Des groupes de lycée étaient déjà formés au début de l'année et de toute façon je passais mon temps à esquiver les conversations. En cette nouvelle année, je désirais me faire des amies et pouvoir profiter pleinement de ma vie d'étudiante. Ce fut beaucoup plus simple que je ne me l'imaginais. Je discutais avec tout le monde.

Toutes les filles me félicitaient pour ma reprise de poids. Elles m'avouaient s'être beaucoup inquiétées quelques mois auparavant mais n'osaient pas se mêler de ce qui ne les regardait pas. Pour moi, c'était du passé, je me sentais mieux, c'était le principal.

Je m'intégrai si bien que je fus élue représentante du département lettres et sciences humaines au conseil d'administration de l'université.

J'étais très fière de ne plus passer inaperçue, de ne plus être la fille dont personne ne se souvenait jamais du nom. Je retournai au sport mais une à deux fois par semaine seulement et avec des amies.

Bref, je menais une vie d'étudiante parfaitement normale. Normale… pas tout à fait. Il m'arrivait de rentrer à l'appartement le midi et de dévorer un à deux paquets de biscottes beurrées trempées dans du lait.

Je me faisais vomir comme je pouvais avant de retourner en cours comme si de rien n'était. J'agissais toujours en l'absence de ma colocataire. Personne ne soupçonnait quoi que ce soit. J'étais passée maître dans l'art de faire bonne figure. Une seule chose m'embêtait : j'avais encore du mal à me faire vomir et je conservais une bonne partie de ce que je mangeais.

La culpabilité me rongeait ensuite durant des heures. En outre, les marques de mes dents commençaient à s'imprimer sur mes doigts.

Effectivement, le seul moyen de me faire vomir était de m'enfoncer l'index et l'annulaire de ma main droite au fond de la gorge. Mais à force de répéter ce processus, mes dents égratignaient ma peau et je ne souhaitais pas que ces blessures puissent me trahir.

Un jour, lors d'une crise, je me mis à boire beaucoup de lait. En me rendant aux toilettes, j'eus beaucoup plus de facilité à vomir que les fois précédentes. À partir de là, je compris que le fait de boire beaucoup me facilitait les choses et je tombai dans un engrenage infernal.

Dès lors, je n'eus plus besoin de mettre mes doigts au fond de la gorge. Vomir n'était plus sale, vomir ne faisait plus mal. Vomir était devenu pour moi naturel. Je n'avais qu'à me pencher au-dessus de la cuvette des toilettes et tout ce que je venais d'avaler ressortait aussi vite. J'avais trouvé la solution miracle pour manger sans culpabiliser.

X

« Et je sentis mes yeux se fermer, comme si,
Dans la brume, à chacun des cils de mes paupières
Une main invisible avait lié des pierres. »

(Hugo)

Été 2004

L'année s'écoula tranquillement. J'arrivais à garder le contrôle sur mes vomissements. Certes, j'avais perdu un peu de poids, mais rien de catastrophique. Je maîtrisais mes crises. Je ne me faisais pas vomir plus d'une à deux fois par jour. Les cours se passaient bien. J'avais de nouveau une vie sociale. Je ne refusais aucune sortie. Je sortais en discothèque quasiment tous les week-ends avec une amie.

Malgré cela, je n'avais toujours pas rencontré de garçon. Il m'arrivait de passer la soirée avec un jeune homme mais ça n'allait pas plus loin.

Je sortais surtout pour danser. En fait, ce que j'aimais particulièrement c'était le fait de pouvoir totalement dissocier mon corps et mon esprit au son de la musique. J'entrais dans une espèce de transe au son des basses et je me laissais complètement aller.

Le plus admirable, c'est que je n'avais besoin d'aucune substance pour me mettre dans cet état, ni drogue, ni alcool. Je pouvais danser des heures sans me fatiguer. Mon amie me ramenait à l'aube chez mes parents. Je m'installais alors dans mon lit et contemplais le lever du jour. J'adore ce moment. On se croirait hors du temps.

La nuit n'est pas encore totalement terminée et le jour se lève à peine. J'aime l'atmosphère subtile de ce mélange entre le jour et l'obscurité, comme si le ciel ne se décidait pas à choisir.

Je tentais de percer le mystère du passage de l'un à l'autre en vain et finissais par sombrer dans le sommeil alors que le soleil resplendissait.

Les mois passaient. Les soirées s'enchaînaient. Je perdais du poids à vue d'œil. De nouveau, j'avais cessé de m'alimenter normalement la semaine. Je faisais des efforts le week-end chez mes parents mais vomissais la quasi-intégralité de mes repas. L'année universitaire touchait à sa fin et ma plus grande angoisse était les vacances.

Jamais je ne parviendrais à passer presque quatre mois dans ma famille. Je ne tiendrais pas. Je pouvais faire bonne figure et dissimuler mes vomissements durant un week-end, mais quatre mois, cela semblait impossible. Je fis alors tout pour trouver du travail, et, si possible, à proximité de mon appartement sur le campus. J'obtins un entretien au service comptabilité du CROUS et, contre toute attente, je fus engagée pour deux mois. En outre, je travaillerais une quinzaine de jours à l'hôpital dans lequel exerce mon père. Mais auparavant, je voulais partir en vacances. Je retournai donc dans le sud de la France, mais pas seule cette fois, une amie de lycée m'accompagna.

Les moments que nous avons passés ensemble à l'époque sont inoubliables. Je ne me rappelle pas m'être trop préoccupée de la nourriture pendant ce séjour ; tout se déroulait à merveille à tel point que nous nous amusions à programmer nos vacances pour l'été suivant : c'était décidé, un an plus tard, que nous ayons rencontré l'homme de notre vie ou non, nous partirions toutes les deux à Barcelone !

Nous passâmes une dizaine de jours ensemble, après quoi elle dut repartir. Je demeurai alors seule dans le Sud une semaine. Une semaine pendant laquelle je fis vraiment n'importe quoi.

Manger – vomir – manger – vomir… le cycle infernal était désormais enclenché. Certaines journées ne se résumaient qu'à ces deux actes indissociables.

Et si, par miracle, je réussissais enfin à m'arrêter, je partais marcher de longues heures avant de me retrouver seule à nouveau avec la nourriture comme unique compagnie. À mon retour chez mes parents, j'avais encore perdu du poids et étais largement repassée sous la barre des 40 kilos.

Comme je devais travailler deux semaines dans un service hospitalier, j'avais dû aller faire des essayages pour mon uniforme. Les pauvres blanchisseuses eurent toutes les peines du monde à trouver un pantalon à ma taille ! J'entamai mon travail à l'hôpital un peu affaiblie mais très enthousiaste. Je me sentais utile malgré les tâches assez ingrates que je devais accomplir. Au moins, mes journées avaient un but.

En arrivant le matin, à 6 heures, je devais préparer les petits déjeuners de tous les patients du service, selon le régime de chacun, puis le leur apporter. Je passais le reste de la matinée à refaire les lits et nettoyer les chambres. Je n'eus aucune difficulté à m'adapter, je discutais avec les patients et m'entendais très bien avec les collègues. Le midi, je n'avais aucun mal à esquiver les repas. En effet, comme je terminais à 13 heures, je disais aux collègues que je mangeais chez moi. Et lorsque ma mère venait me chercher, j'affirmais avoir déjeuné avec les autres.

Mes parents partirent à leur tour en vacances quelques jours avant ma prise de fonction au CROUS. Je me souviens avoir terminé une journée de neuf heures à l'hôpital le dimanche (j'étais seule dans le service ce jour-là, avec le même travail à faire que le reste de la semaine où nous étions trois), préparé mes affaires et pris le train.

Je me retrouvai seule dans l'appartement que je partageais avec ma colocataire depuis deux ans déjà. Le jour déclinait sur le campus vide.

Aucune voiture sur le parking. Je devais sans doute être la seule étudiante présente en plein mois de juillet dans ma résidence. Je devrais vite me faire à l'idée que mes soirées n'allaient pas être très palpitantes... Après avoir rangé mes affaires, je m'installai sur le lit de ma colocataire pour grignoter devant la télévision qui se trouvait dans sa chambre. Il m'était alors devenu impossible de regarder un film seule dans son intégralité puisque je passais mon temps à manger et à m'éclipser aux toilettes.

Je commençai mon travail de secrétariat le lendemain matin après une courte nuit. Heureusement, je n'avais nul besoin de me lever très tôt puisque je n'avais qu'à traverser la rue pour me rendre au bureau ! Les deux collègues dont je partagerais les locaux pendant deux mois m'accueillirent à bras ouverts et m'expliquèrent en quoi allaient consister mes journées.

Pour faire simple, je devais enregistrer tous les chèques des locataires dans l'ordinateur avant de les envoyer à la banque. Je devais également me charger de vérifier les dossiers de demandes de logements, ouvrir et classer le courrier et envoyer quelques lettres. À vrai dire, je finis vite par m'ennuyer sérieusement. Il ne me fallait pas plus d'une à deux heures par jour pour effectuer ce travail et encore, en ayant l'impression de prendre tout mon temps !

Je mettais dix fois moins de temps que mes collègues pour taper quelque chose à l'ordinateur. Les journées me paraissaient sans fin. J'avais beau ralentir mon rythme de travail au maximum, j'avais toujours tout fini le matin.

Je bénéficiais d'une heure de pause le midi et je devais encore faire semblant de travailler trois bonnes heures l'après-midi. Je passais mon temps à observer l'horloge en face de mon bureau. Les minutes, les secondes même semblaient se diluer de plus en plus lentement. Je me sentais comme absorbée dans une sorte d'espace-temps infini, sans autre but que d'attendre que les aiguilles de cette maudite horloge veuillent bien se déplacer un peu plus rapidement.

À cette époque, je me rendais depuis quelques mois chez un psychiatre à l'hôpital situé au centre-ville. Il m'avait été conseillé par les médecins qui m'avaient suivie durant mon hospitalisation l'année précédente mais je n'avais pris rendez-vous que quelques mois plus tard. J'allais lui rendre visite toutes les trois semaines environ.

Quelque temps auparavant, j'avais abandonné tout traitement. Cela faisait plus d'un an que je prenais des antidépresseurs et autres anxiolytiques mais comme je ne voyais pas vraiment d'amélioration sur mon humeur, ou plutôt, comme je me demandais pourquoi on me prescrivait de tels médicaments puisque je me sentais bien, j'avais arrêté tous les traitements du jour au lendemain sans rien dire à personne depuis quelques semaines.

D'ailleurs, je n'avais ressenti aucune différence, aucun changement d'humeur. Certes, je vomissais tous les jours, certes, je sautais tous les repas que je pouvais, mais ça ne me dérangeait absolument pas.

Un soir, alors que je sortais du travail et m'apprêtais à me rendre à pied en ville, une voiture s'approcha de moi sur le parking désertique. L'homme au volant arrêta son véhicule à quelques mètres et en sortit. Bien que peu rassurée, je ne montrai rien de mon appréhension à l'inconnu qui m'adressa la parole.

« Bonjour mademoiselle, excusez-moi de vous importuner. Je vous ai remarquée de loin. Je travaille pour une petite maison de couture et nous sommes à la recherche de modèles pour nous représenter.

— C'est gentil de votre part, mais ça ne m'intéresse pas, merci.

— C'est dommage, vous devriez réfléchir. Je vous donne ma carte. Vous correspondez tout à fait à nos critères.

— Vraiment, ce n'est pas la peine d'insister. Je ne suis absolument pas intéressée. D'ailleurs, je suis pressée. Au revoir. »

Je le laissai planté là et repris mon chemin avec une démarche aussi assurée que possible. Sur le coup, je ne savais pas si je venais d'échapper à un dangereux psychopathe ou à un type complètement cynique. Parce que, s'il cherchait vraiment un modèle, il voulait quelqu'un de squelettique.

Car c'était bien à un squelette que je ressemblais plutôt qu'à une femme. Je trouvais proprement scandaleux d'oser venir faire ce genre de proposition à une fille clairement malade.

Un après-midi, quelques jours seulement après cet épisode, je me rendis donc chez le médecin. Je le trouvais assez étrange. Il m'était sympathique, mais, curieusement, nous avions du mal à échanger. Il ne parlait pratiquement pas, se contentait d'un petit

« hum » ou « mais encore » à la fin de mes phrases. Je n'ai jamais véritablement réussi à lui avouer toute la vérité. Je ne lui disais pas que je vomissais tous les jours ni que je ne mangeais quasiment plus en dehors des crises.

En fait, j'avais bien trop peur qu'il m'expédie à l'hôpital ! Or, il était tout à fait hors de question que je remette les pieds dans le même genre de service que l'été précédent. Et puis, dans mon for intérieur, je me sentais guérie ! Mais ce soir-là, sans trop savoir pour quelle raison, il m'obligea à monter sur une balance.

Intérieurement, j'étais furieuse : pourquoi tenait-il à me peser, comme ça, sans m'avoir prévenue à l'avance ? Le cadran afficha tout juste 37 kilos. Le médecin me dit que c'était très insuffisant, que si je perdais encore du poids, il serait dans l'obligation de me faire hospitaliser. Je l'écoutais sans l'entendre. Le son de sa voix bourdonnait dans ma tête.

Je ne voulais pas retourner à l'hôpital, c'était impossible, la balance se trompait, je n'étais pas maigre ! Les larmes commencèrent, pour la première fois devant ce médecin, à rouler sur mes joues.

Je craquais complètement. Il me demanda alors si je prenais toujours mon traitement. Je lui avouai que non. Il me prescrivit sur-le-champ de nouveaux médicaments. Je devais commencer le soir même. Je me saisis machinalement de l'ordonnance, pris rendez-vous pour la semaine suivante – il voulait me peser toutes les semaines – et parcourus les quelques kilomètres qui me séparaient de mon studio à pied.

En route, je m'arrêtai à la pharmacie ainsi que dans une boulangerie. Depuis trois jours, je ne me nourrissais que d'une part de tarte au flan que je dégustais, le soir, très lentement, devant la télévision.

Avant de me coucher, j'avalai le comprimé en pleurant. Je mis encore plus de temps que d'habitude à m'endormir. Le lendemain matin, au réveil, je me sentis très mal. J'avais les yeux ouverts mais tout était noir, je ne voyais absolument rien.

Ma tête tournait, je tenais à peine debout. Je commençai à paniquer. Je me ressaisis et, à tâtons, je trouvai mes vêtements. D'un seul coup, tout mon corps se mit à ruisseler de sueur, j'étais trempée. Je n'y voyais toujours rien et tenais à peine debout. J'étais complètement affolée : étais-je en train de faire un malaise ? Pire, un arrêt cardiaque ?

Je m'essuyai et m'habillai comme je pus. Je me dirigeai vers ma porte d'entrée. Je devais absolument me rendre au bureau. J'étais seule dans l'immeuble, j'aurais beau crier à l'aide, personne ne pourrait venir m'aider. Je sortis de mon appartement et m'accrochai à la rampe. Je descendis les escaliers en rasant le mur. Je recommençais à voir clair mais tout était flou ou sous forme de flashs. Je ne sais plus trop comment je parvins au bureau.

La porte d'entrée était encore fermée mais la porte-fenêtre était entrouverte. Je cognai à la vitre. Ma collègue vint m'ouvrir et je m'écroulai dans ses bras. Je ne perdis pas connaissance. Je crois qu'elle était encore plus affolée que moi. Elle m'installa dans un fauteuil, me demanda ce qu'il se passait. Je suffoquais, je ne pouvais pas parler. La pièce semblait tourner autour de moi. Ma collègue voulut appeler le SAMU mais je la suppliai de ne rien faire. Je lui dis que ça allait passer, que ça allait déjà mieux. Elle me fit boire un peu d'eau sucrée. Je reprenais un peu mes esprits. J'étais maintenant sûre et certaine qu'il s'agissait seulement d'une réaction au médicament pris la veille, qui devait être trop dosé par rapport à ma morphologie.

La seconde collègue arriva avec des croissants. Elle me força à en manger un morceau. Une heure plus tard, j'allais mieux. Personne ne voulut me laisser remonter seule chez moi, elles préféraient me savoir en lieu sûr à côté d'elles. Je passai le reste de ma matinée à essayer de joindre le psychiatre sans succès. Je demandai quand même qu'on me passe un infirmier ou un autre médecin pour savoir ce que je devais faire avec le traitement.

Personne ne sut me dire si c'était le comprimé qui m'avait causé ce malaise. Le médecin que j'eus au bout du fil me conseilla de continuer à le prendre mais en diminuant la quantité. Je ne savais pas quoi faire, je revoyais le docteur la semaine suivante seulement.

Le soir venu, je ne pris donc que la moitié du comprimé. Je ne fermai pas l'œil de la nuit. Fort heureusement, le malaise de la veille ne se reproduisit pas.

Je me rendis à mon rendez-vous avec le psychiatre la semaine suivante comme prévu. Une secrétaire l'avait informé de mon malaise. On en discuta quelques instants mais sans plus. À vrai dire, j'avais presque l'impression que tout cela n'était pas arrivé à moi mais à une autre.

Comme si j'avais assisté à la scène de l'extérieur. Je souhaitais surtout oublier cet instant de complète perte de tous mes moyens.

Le médecin me fit de nouveau monter sur la balance. 36 kilos. Le chiffre affiché était encore plus bas que celui de la semaine précédente.

Curieusement, cela ne m'affola pas vraiment. Au contraire, je ressentais une espèce de grand contentement intérieur, je me sentais apaisée. Bien sûr, les paroles du médecin me rappelèrent à la réalité : « À ce poids, votre vie est en danger. Je vous laisse encore une semaine pour changer le cap. S'il n'y a pas d'amélioration nette, je vous fais hospitaliser. »

Mon cœur se mit à palpiter violemment. Je le sentais battre dans ma tête à tel point que mes tempes me faisaient souffrir.

Je ne voulais pas être de nouveau enfermée. Je ne pouvais pas. Je travaillais, j'avais une vie.

En remontant à pied au campus, je m'arrêtai dans un supermarché. J'achetai tout ce qui me faisait envie : barres chocolatées, viennoiseries, pâte à tartiner, crèmes dessert… J'en remplis un sac complet. Arrivée à l'appartement, je déversai mon butin sur la table de la cuisine avant de tout ranger. Je ne conservai qu'un paquet individuel de biscuits et une barre chocolatée. Je me dis que ce serait mon repas du soir, accompagné d'une crème dessert. Vers 20 heures, je m'installai devant la télévision et me mis à déguster lentement mes biscuits. Je les laissais fondre dans ma bouche, sans les croquer, pour faire durer la sensation de me nourrir plus longtemps.

Mais même à ce rythme, mon maigre repas se déroula trop vite. Je me dis alors que je devais prendre du poids. Que si je comptais, en grammes, ce que je venais d'absorber, je ne verrais quasiment aucune conséquence sur la balance et donc, je courais le risque d'être envoyée à l'hôpital.

Alors, je partis chercher le reste du paquet de gâteaux. Je dégustais les biscuits toujours aussi lentement. Je prenais un réel plaisir. C'était comme si mes papilles, trop longtemps restées au repos forcé, profitaient de chaque miette, comme si mon palet cherchait à analyser toutes les saveurs de chaque bouchée pour en conserver le souvenir le plus précis possible.

Presque la moitié de mes achats de l'après-midi furent avalés. Mon estomac me faisait souffrir. Ma tête me disait également que c'était beaucoup trop. Une bonne partie de mes achats finit donc au fond des toilettes. Étrangement, je ressentais un bien-être indescriptible. J'étais parvenue à me libérer du plaisir coupable que je venais de consommer.

Je venais de prendre un plaisir intense et le fait de savoir que je ne deviendrais pas obèse à cause de cela me procurait une joie bien plus forte.

Le reste de la semaine se passa de la même façon : j'avalais tout ce qui me faisait plaisir, et dès que je ressentais un poids sur mon estomac, je partais aux toilettes. L'idée de l'hospitalisation avait littéralement quitté mon esprit.

Pour moi, je mangeais de tout – et surtout des choses très caloriques –, par conséquent, j'avais forcément repris un peu de poids et n'étais plus en danger.

Fort heureusement, la balance du médecin confirma mes pensées : en une semaine à peine, j'avais repris 2 kilos. Cela le satisfit. Je ne lui avouai pas que je me faisais vomir. Ce jour-là, il me dit qu'il ne voulait plus me suivre du point de vue psychologique. Il m'expliqua que le fait de vérifier mon poids le perturbait dans son approche psychologique. Soit.

De toute façon, je ne lui disais que partiellement la vérité. Cela ne me posa donc pas vraiment de problème. Je ne ressentais pas le besoin de me confier à qui que ce soit.

Il m'expliqua que je devrais néanmoins continuer à voir quelqu'un et me donna l'adresse d'un de ses confrères exerçant au centre-ville.

Je pris rendez-vous et en obtins un quelques jours plus tard. L'entretien, et surtout, la fin de l'entretien, fut des plus surréalistes. Pour résumer, si j'avais des problèmes avec la nourriture, c'est parce que j'avais sans doute de gros soucis avec ma mère (tiens donc, n'avais-je pas déjà entendu cela quelque part ?), ce n'était pas plus compliqué que cela.

En conclusion de ce rendez-vous qui m'avait bien peu convaincue et lors duquel il m'avait fallu, une fois de plus, retracer tout mon parcours, le psychiatre me dit que trois séances par semaine lui semblait un bon rythme pour me guérir.

Cela me parut beaucoup. Mais ce qui me parut le plus énorme, ce fut la somme qu'il me demanda à l'issue de la séance.

Le tarif qu'il m'indiqua correspondait à un tiers du montant de mon loyer ! Jamais je ne pourrais débourser une telle somme toutes les semaines, et encore moins multipliée par trois ! Alors commença une discussion hallucinante durant laquelle je dus marchander le prix de ma consultation !

À croire que je dois être douée pour les négociations : j'obtins une réduction de 50 % ! Je repris rendez-vous pour le surlendemain mais ne me présentai jamais au cabinet.

Après cette expérience, je mis plus de cinq ans avant de me décider à retourner voir un psy !

XI

« Ce qui n'est pas nommé n'existe pas. »

(LACAN)

2004-2005

Le mois d'août est déjà bien entamé et mon poids est toujours inférieur à 40 kilos. Je n'ai plus aucun suivi médical. Je n'en ai plus envie. De toute façon, c'est inutile, ça ne me sert à rien.

Malgré tout, je sais très bien que si j'attaque les cours dans cet état fin septembre, je ne tiendrai pas longtemps. Il me faut impérativement reprendre du poids si je ne veux pas me retrouver hospitalisée d'office dans quelques semaines.

Il est hors de question que je mette mes études et mon avenir en jeu à cause de la nourriture.

C'est donc seule que je me remets à manger. Conserver à l'intérieur de moi tous ces aliments me provoque un certain dégoût mais je ne peux pas faire autrement si je veux atteindre l'objectif fixé : 45 kilos avant fin septembre, soit 8 kilos supplémentaires. Je sais que j'en suis parfaitement capable. L'année précédente, j'avais bien réussi à en prendre

13 en un mois et demi. Alors 8 en un peu plus de deux mois devait être largement faisable.

Je me force à manger, pendant et en dehors des repas. Et, même s'il m'arrive de vomir quelquefois, trop écœurée par tous les aliments avalés, je réussis la plupart du temps à les conserver. Je finis par atteindre mon objectif et fais même un peu mieux. J'attaque ma troisième année de fac à 46 kilos.

Les deux derniers mois ont été éprouvants mais je me suis finalement habituée à manger à nouveau et en grande quantité. Je continue à ce rythme. Fin novembre, je pèse pratiquement 53 kilos. Je n'ai jamais atteint un tel poids. Je me dégoûte, ne me reconnais pas. À partir de là, je me mets à vomir de nouveau chaque repas.

En dehors de mes déboires avec la nourriture, je vis une vie d'étudiante parfaitement « normale ». Je partage mon temps entre les études la semaine et les sorties en discothèque avec mes anciennes amies de lycée le week-end. Mais malgré toute cette effervescence, je me sens seule. Au cours d'une soirée, une amie me présente une connaissance.

Il s'agit d'un garçon charmant, un peu timide, étudiant en médecine. Il me plaît immédiatement. Nous passons le reste de la soirée ensemble et nous donnons rendez-vous pour le lendemain.

Les quatre mois suivants passent très vite : je passe la plupart de mes soirées entourée de futurs médecins ou infirmiers. Je m'adapte parfaitement à ce milieu que je connais bien. Je profite des fêtes, bois, mange et vomis beaucoup. Personne ne se rend compte de rien. La maladie passe inaperçue. Je ne suis pas trop maigre, je partage des moments conviviaux avec mes amis. Je ne me sens absolument pas malade.

D'ailleurs, mon entourage proche ne semble plus me considérer comme telle. À l'époque, mes parents m'offrent une tenue de sport afin que je puisse aller courir avec mon père.

Maintenant que j'ai repris du poids, il ne faudrait pas non plus se laisser aller ! Bien sûr, cela fait extrêmement plaisir à mon esprit malade. Je perds quelques kilos rapidement puis mon poids stagne autour des 47 kilos malgré les vomissements. Cela me convient. Je ne me déplais pas et contrôle mes apports. Que demander de plus ? Je vais avoir 20 ans, me sens parfaitement heureuse et m'imagine déjà mariée à un médecin dans quelques années.

Brusquement, le rêve s'effondre. Mon beau docteur me quitte quinze jours avant mon anniversaire. Sans la moindre explication. Je suis anéantie, ne comprends pas ce qu'il se passe, seulement que je ne maîtrise rien. En tout cas, que je ne maîtrise pas les autres.

Si l'amour fait autant souffrir, pourquoi aimer à nouveau un jour ? Autant profiter et ne pas s'accrocher. Consciente de mon pouvoir d'attraction sur la gent masculine, je multiplie les conquêtes sans lendemain avec l'illusion de me sentir moins vide. Mais si je plais, je n'en ressens pas moins un vif dégoût à mon égard. Chaque vomissement rabaisse le peu d'estime que je me porte. Mais personne ne le sait. Je joue bien mon rôle de fille à qui tout réussit.

L'année universitaire se termine à peine que je pense déjà à la suivante. J'ai décidé de m'inscrire en maîtrise et réfléchis à un sujet pour mon mémoire. En fait, je n'ai pas à me creuser les méninges bien longtemps : ce sera l'humour dans quelques-unes des œuvres de Boris Vian, mon auteur préféré.

Côté cœur, depuis quelques jours, je sors avec un garçon sympathique mais dont je ne suis pas amoureuse. Ce n'est pas important. Je ne suis pas seule, c'est le principal. En outre, le fait de passer du temps avec lui m'empêche de me morfondre sur mon sort.

J'ai de nouveau l'impression de vivre comme tout le monde. La seule différence est que je me fais vomir, mais je ne juge pas cela très grave. En fait, je ne m'imagine pas quelles conséquences négatives cela pourrait bien avoir sur moi.

Après tout, je réussis mes études, je plais aux garçons, je profite de la vie, j'ai l'air en bonne santé… où est le mal ? Autour de moi, tout le monde semble penser que je suis guérie, moi la première ! Mais tout n'est qu'apparences…

XII

« [...] tout cet ordre, toute cette harmonie,
toute cette sécurité qui enveloppaient son existence
n'étaient en fait qu'apparences et mensonge. »

(Schnitzler)

2005-2006

Cette année, comme les heures de cours à la fac sont très réduites pour laisser le temps d'effectuer des recherches et rédiger le mémoire, je n'ai pas repris de studio sur le campus.

Je fais les trajets deux ou trois fois par semaine à l'université pour assister aux quelques unités d'enseignement auxquelles je me suis inscrite, dispenser deux heures de soutien aux étudiants de première année et consulter mon directeur de recherches au fur et à mesure de l'avancée de mon travail.

Le reste du temps, je vis donc chez mes parents. Le retour à la vie familiale est plutôt rude. Je supporte mal de devoir me plier aux horaires des repas et d'avoir ma mère sur le dos à longueur de journée. Quand je dis « sur le dos », ce n'est pas exactement cela. En fait, c'est simplement le fait de la savoir à proximité qui me gêne. Depuis qu'elle ne travaille plus – après avoir pris sa demi-retraite quelques années plus tôt –, elle occupe son temps à passer l'aspirateur, étendre le linge, repasser, faire les courses, préparer à manger… La parfaite femme d'intérieur. Elle ne réalise strictement rien pour elle-même.

Et le fait qu'elle fasse toutes ces tâches ingrates pour le reste de la famille m'est insupportable. La seule pensée qu'elle soit dans la même maison que moi à traquer la moindre poussière, à se débrouiller pour que tout soit en ordre, me donne la nausée.

Sans le savoir, elle m'étouffe. Son envie que tout soit parfait pour nous et la façon qu'elle a de s'oublier, préférant vivre à travers nous, m'oppressent. Je sais qu'elle n'en a pas conscience, qu'elle souhaite et tente de faire ce qu'il y a de mieux pour ses enfants.

Mais comme j'aimerais la voir faire quelque chose pour elle. Comme j'aimerais que ses instants de joie ne reposent pas uniquement sur la réussite scolaire et sentimentale de ses enfants !

Que son bonheur ne se résume pas à nous ni au souvenir de cette femme pesant une petite quarantaine de kilos dans sa jolie robe de mariée vingt ans plus tôt… Je l'aime tant, mais la voir ainsi me désole et me révolte. Et je ne parviens pas à lui dire que je l'aime, je ne parviens pas à communiquer avec elle. Je voudrais tant pouvoir partager mes sentiments profonds avec elle. Je sais qu'elle se sent impuissante et même responsable du mal qui me ronge, mais je suis incapable de lui dire ce que je ressens, comme si un mur de verre immense s'était bâti petit à petit entre nous, ne laissant place qu'à l'apparence en guise de moyen de communication.

Peut-être que cette trop grande proximité m'angoisse à cause de notre incapacité à nous parler véritablement ou peut-être ai-je peur aussi de m'oublier à ce point un jour, peur que ma vie n'ait aucun sens en tant que telle.

Afin d'éviter ma mère et des discussions vides de sens, je passe la majeure partie du temps enfermée dans ma chambre à travailler sur mon mémoire et n'en sors que pour aller m'occuper à surveiller l'étude du soir dans une école primaire.

Je profite de cette sortie quotidienne pour faire quelques courses et constituer un stock de nourriture suffisant pour passer mes jours et mes nuits à manger tout en travaillant.

Car les crises de boulimie n'ont pas diminué. Au contraire, elles se sont accrues depuis mon retour chez mes parents.

Tous les soirs, j'attends que tout le monde soit couché et endormi. Je me lève parfois à une heure du matin pour aller faire cuire une pleine casserole de pâtes. J'en avale une bonne partie dans la nuit, mélangée à de la mayonnaise. Je vomis dans les toilettes qui jouxtent ma chambre et celle de mon frère. J'espère de tout cœur qu'il ne m'entende pas.

Je conserve les restes dans mon armoire avec les paquets de gâteaux. Parfois, j'y entrepose même des pizzas surgelées que j'avale crues. Je me moque de ce que je peux manger, tant que ça me remplit.

Si je cherche encore à dissimuler tant que faire se peut l'absorption de ces quantités excessives de nourriture et les vomissements qui s'ensuivent, je sais pertinemment que tout le monde dans la maison est au courant de mon manège.

Mais personne ne dit rien. On fait comme si tout allait bien. Ce sont tous ces non-dits que je vomis. C'est le seul moyen de les faire sortir de moi. Tout le monde chez moi préfère se voiler la face afin de préserver un pseudo-équilibre familial précaire.

Après tout, mon poids est presque normal, je partage mon temps entre rédaction de mémoire, jobs étudiants, rendez-vous amoureux, sorties entre amis. Je souris, toujours, je souris.

Mais je vomis, souvent, je vomis. Et seul le bruit de la chasse d'eau vient ternir mes sourires et submerger sans doute ce si bel équilibre familial.

XIII

« Peut-être, dans la foule, une âme que j'ignore
Aurait compris mon âme, et m'aurait répondu !... »

(LAMARTINE)

2006-2007

Je n'ai pas encore évoqué un de ceux qui jouèrent un grand rôle dans ma vie, dans ma longue route vers la guérison. La première fois que je vis Peter, c'était lors d'un colloque délocalisé dans l'ancienne fac de lettres au centre-ville.

En raison des manifestations qui avaient lieu à l'époque, les locaux habituels avaient été pris d'assaut par une poignée d'étudiants surexcités. Le printemps pointait le bout de son nez et j'abordais la dernière ligne droite de cette année de maîtrise.

J'étais en pleine rédaction de mon mémoire sur Boris Vian. Je sortais avec un garçon sympathique mais pour lequel je n'éprouvais guère de sentiments. Malgré les crises à répétition chez mes parents et les vomissements après les repas, je conservais étrangement un poids stable et étais tout proche d'un IMC correct. Ce jour-là, lors du colloque, je remarquai un jeune homme, vêtu d'une veste en velours beige, qui installait des chaises supplémentaires dans une salle trop petite. Il faut signaler que la présence d'un garçon – autre qu'un professeur – présent à un colloque de littérature comparée est assez inhabituelle. Il s'installa ensuite au centre de la salle.

À quelques chaises de lui, je passai davantage de temps à l'observer qu'à écouter l'intervenant. Étrangement, son physique correspondait assez peu à son regard. Il me faisait, de prime abord, plus penser à un étudiant en sport : assez grand, les épaules carrées, l'air musclé. Mais son regard d'un bleu translucide laissait imaginer une âme de rêveur, de poète.

Je dus malheureusement quitter la salle avant la fin de l'après-midi pour ne pas rater le train qui devait me ramener chez moi. Évidemment, je n'avais pas eu l'occasion d'engager la conversation avec l'inconnu à la veste en velours.

Lors des vacances de Pâques, je me rendis à un colloque de journalisme culturel européen durant une semaine. Ce colloque organisé en partenariat avec la faculté rentrait dans le cadre d'une de mes unités d'enseignement.

Nous nous y étions rendues avec deux amies. L'objectif de la semaine consistait à apprendre à rédiger un article de presse, lequel serait évalué et compterait pour l'obtention de la maîtrise. Cette semaine fut un pur bonheur du point de vue intellectuel. Nous côtoyions des étudiants et des professionnels du journalisme venus de toute l'Europe. À la suite d'un après-midi consacré à l'élaboration d'une critique théâtrale, le rédacteur en chef d'un site internet consacré au théâtre me prit sous son aile.

Le jour qui suivait la fin du stage, mon article fit la une du site. Je dois bien avouer que je me sentais très fière. J'avais enfin l'impression que mon travail payait, que ce que j'avais à l'intérieur de mon cerveau allait me servir à quelque chose et que j'allais pouvoir exprimer mes talents.

Un petit détail clochait : je sortais toujours avec ce garçon – depuis presque un an –, et, intellectuellement parlant, nous n'étions absolument pas sur la même longueur d'onde.

De retour du colloque, je le quittai. Je me sentais intensément libre. La nourriture elle-même ne semblait plus un problème. Mais si les crises étaient réellement moins fréquentes, je continuais à me délester de mes repas. L'écriture de mon mémoire avançait plus vite que jamais. Les idées s'enchaînaient à toute vitesse dans ma tête. J'avais 21 ans et il semblait enfin se passer des choses intéressantes dans ma vie.

À la rentrée des vacances de Pâques, la faculté n'était plus bloquée. Un jour, alors que je rendais visite à mon directeur de recherches, je rencontrai un de mes anciens professeurs. Nous discutâmes quelques instants puis il m'invita à prendre un verre. Je n'en revenais pas ; moi, simple étudiante, aller prendre un verre avec un des profs que j'admirais le plus l'année précédente ! Nous échangeâmes près de deux heures à propos de littérature, de mes projets, des manifestations… Je ne me sentais plus dans le même monde que la veille. Bien sûr, il me faisait ouvertement la cour, je n'étais pas dupe. Mais quel bonheur de se sentir appréciée par un homme si cultivé ! Un jour, alors que je l'attendais à la sortie d'une salle de cours, le garçon à la veste de velours en sortit. Il étudiait donc bien les lettres et je ne l'avais jamais vu auparavant !

Mon ex-prof arriva et proposa d'aller boire un café au bistrot du coin. Et là, surprise, il demanda à Peter, car c'est ainsi que se nommait le garçon à la veste en velours, s'il souhaitait nous accompagner. Mon cœur s'emballa.

Dès la première fois que je l'avais aperçu, un mois plus tôt, je crois que j'avais ressenti ce que l'on a coutume d'appeler un coup de foudre.

Nous passâmes donc un bon moment ensemble au café, à discuter littérature et à refaire le monde. Je savais, au fond de moi, qu'il se passerait quelque chose entre nous. Il ne pouvait pas en être autrement.

Quelques jours plus tard, nous nous sommes recroisés à la bibliothèque et nous avons échangé nos numéros. En fait, il était venu me voir pour me demander le numéro du professeur que nous avions en commun et en a profité pour prendre le mien.

À partir de là, nous avons commencé à communiquer par textos. La semaine suivante, alors que je venais assister à mes cours, Peter proposa de me raccompagner à ma voiture. Nous discutions comme si nous nous connaissions depuis toujours.

Arrivés au véhicule, nous avons eu toutes les difficultés du monde à nous séparer. Au fond de moi, j'espérais qu'il m'embrasse, mais il n'en fit rien. Il fallut attendre une semaine et des dizaines de coups de fil de plusieurs heures durant lesquelles nous nous lisions des textes de Baudelaire avant que je ne le revoie. J'étais allée l'attendre à la sortie d'un de ses partiels. Notre premier baiser aurait été digne d'une grande séquence de cinéma : lui et moi, le soleil dans le dos, marchant l'un vers l'autre dans un couloir de la fac avant de nous enlacer comme si, enfin, nous nous retrouvions après une séparation trop longue. Un début de relation aussi passionné ne pouvait qu'augurer de nombreux tourments. Ceux-ci commencèrent le soir même.

Nous savions l'un et l'autre que nous étions destinés à vivre une histoire intense. Je voulais donc construire notre relation sur des bases saines.

Alors qu'il m'expliquait qu'il avait eu peur de m'aborder parce qu'il me jugeait inaccessible du fait que je sois plus en avance que lui dans les études (nous avions en fait le même âge, mais lui avait redoublé tandis que j'avais un an d'avance) et que je côtoie les professeurs, je lui avouai avoir entretenu une courte relation avec son enseignant préféré, celui-là même qui nous avait présentés.

Le monde sembla alors s'écrouler autour de Peter. Une poignée de secondes avait suffi à me faire tomber de mon piédestal – tout comme notre prof d'ailleurs… J'ai bien cru que notre histoire, à peine commencée, allait être précipitamment avortée. Peter était très idéaliste. Il ne lui aura fallu passer que quelques heures en ma présence pour le faire descendre de ses nuages. Je m'en voulus à un point que je ne pourrais décrire. J'étais en larmes et lui dans une colère froide. Cette première soirée peut, à elle seule, résumer les deux années passées ensemble : des moments de bonheur intenses, d'une harmonie, d'une osmose quasi inégalables, entrecoupés de cruelles désillusions, d'incompréhensions profondes et de beaucoup de larmes. Comment aurait-il pu en être autrement entre deux esprits baignés de littérature romantique ?

Je ne résumerai pas les presque deux années passées avec Peter. Elles comptent à la fois parmi les plus belles et les plus difficiles de mon existence.

C'est la maladie qui eut le dessus sur nous. Dès le début de notre relation, je lui avais confié mes problèmes avec la nourriture. Dès lors, Peter fit des choses étonnantes pour tenter de me comprendre et de m'aider : il prit rendez-vous chez un psychologue pour lui poser des questions à ce sujet et alla même jusqu'à se faire vomir pour tenter de ressentir la même chose que moi.

Il me poussait à écrire pour exorciser mes démons. Mais rien n'y faisait. Pire, plus il essayait de m'aider, plus mon cas s'aggravait.

Mais je ne dois pas brûler les étapes. Quelques mois après notre rencontre, j'entamai ma préparation au CAPES (le concours pour devenir professeur de français). Je savais que l'année allait être éprouvante, que je devrais fournir un travail intense et endurer beaucoup de stress. L'été avait suffi à me faire perdre déjà 3 kilos. Il faut dire que je n'avais pas chaumé. Ne trouvant aucun job à proximité de chez moi, je tentai ma chance dans un fast-food (pouvait-on trouver pire idée pour une anorexique !) dans le sud de la France.

Mon sourire et le fait que je sois majeure suffirent à mon embauche puisque l'enseigne manquait de personnel pour travailler le soir. Les horaires me convenaient parfaitement. Je pouvais profiter de la journée pour travailler mes cours et aller à la plage. Mais le rythme était vraiment éprouvant.

Je prenais mon poste une heure avant le coup de feu. Pendant les trois heures qui suivaient, les files d'attente aux caisses ne semblaient jamais diminuer. Lorsque je relevais la tête entre deux prises de commande, je n'apercevais pas le fond de la salle. Les odeurs de frites me donnaient la nausée.

En quittant mon poste à une heure du matin, je rêvais de m'engouffrer dans une machine à laver ! Évidemment, travailler le soir m'arrangeait bien pour une troisième raison : cela me dispensait d'affronter les repas avec mes parents et de manger !

Forcément, après quinze jours à une telle cadence, mon corps donna des signes de faiblesse. Je rompis mon contrat trois jours avant le terme.

De toute façon, j'avais été rappelée pour occuper un poste comme hôtesse d'accueil par la municipalité de ma ville natale cinq jours plus tard.

Mon premier jour fut un désastre. À peine une heure après ma prise de fonctions, je sentis mes jambes se dérober sous moi et je vis subitement tout noir. Je me mis à trembler et à avoir très chaud. Ma collègue téléphona à mon grand-père pour qu'il vienne me chercher. Je passai le reste de la journée au lit.

Ce malaise résultait sans doute de la fatigue accumulée ces derniers jours et de mon retour interminable en voiture la veille.

Partie à cinq heures du matin, il m'avait fallu plus de douze heures de route, seule au volant, pour parcourir les 600 kilomètres de nationales. Je payais aussi la brutale perte de poids. Je décidai alors de me ressaisir. Il ne fallait absolument pas que mon poids chute davantage si je voulais être en capacité de passer le concours six mois plus tard.

J'avais de nouveau quitté le domicile de mes parents et m'étais installée dans un studio du centre-ville. Afin de subvenir à mes besoins, je décidai de trouver un nouveau job pour l'année. Peter, qui travaillait comme correspondant au service des sports du journal départemental, me dit qu'il manquait quelqu'un pour couvrir la gymnastique.

Il ne me fallut pas fournir beaucoup d'efforts pour convaincre le chef de la rubrique : étudiante en lettres, huit années de pratique de la gym à mon actif… voilà qui était amplement suffisant.

En plus de mes révisions, je passai donc l'année à arpenter les gymnases. Le fait de me retrouver au milieu de ces toutes jeunes filles qui s'entraînaient à longueur de journée pour atteindre le meilleur niveau (l'une d'elle fut championne de France et participa, si mes souvenirs sont exacts, aux J.O. de Pékin) n'était pas sans me rappeler de tristes souvenirs. Et même si j'avais pratiqué ce sport à un niveau bien plus modeste, j'imaginais sans peine toute la souffrance qu'elles pouvaient endurer et les plaignais sincèrement.

Alors que je jonglais entre cours et articles, je trouvais quand même le moyen de faire des crises tous les soirs ou presque tout en révisant. Pire, je faisais des crises en plein cours ! Tous les matins, je remplissais mon sac d'un bon kilo de biscuits premier prix infâmes et d'une bouteille d'eau.

Dès que les cours commençaient, je piochais des gâteaux discrètement et les laissais fondre les uns après les autres dans ma bouche tout en prenant des notes.

De temps en temps, j'avalais une gorgée d'eau. Je profitais de la pause à la fin de l'heure pour me rendre aux toilettes évacuer une mélasse immonde et retournais discuter quelques instants avec mes amis avant de recommencer le même processus l'heure suivante. J'appris – plus tard – que mon petit cinéma avait beaucoup inquiété mes compagnons étudiants mais qu'aucun d'eux n'avait osé m'en parler craignant ma réaction.

Mon poids diminuait, la fatigue s'installait. Je devais réagir. C'est alors que je me souvins d'une rencontre faite en 2003 sur le campus.

Une fille m'avait abordée en sortant du sport. Elle avait des problèmes de boulimie et s'était aperçue que je devais souffrir de troubles alimentaires.

Elle m'avait alors parlé d'un spécialiste qui œuvrait au CHU. Je réussis à me souvenir de son nom et pris rendez-vous. Nous étions fin février. Je ne pourrais pas le voir avant le mois de juillet ! En attendant, la secrétaire me proposa de participer aux groupes de parole qui se tenaient tous les quinze jours. Je trouvai l'idée plutôt bonne et m'inscrivis.

Toutes les deux semaines, je me rendais donc à ces réunions. Je trouvais cela très intéressant mais ne modifiais cependant rien à mes mauvaises habitudes. Pourtant, il arriva un jour ce qui aurait dû avoir l'effet d'un électrochoc.

La discussion venait de commencer. Au bout de quelques minutes, une jeune fille s'éclipsa. Je l'avais remarquée juste avant le début de la séance. Elle donnait de ses nouvelles à l'une des patientes du service.

Voilà à peine quinze jours qu'elle était sortie de l'hôpital. Elle disait aller bien mieux même si ses traits me semblaient extrêmement tirés. Je ne la connaissais pas, mais il ne m'avait pas fallu plus de deux minutes d'observation pour comprendre que soit elle ne s'alimentait plus, soit elle vomissait tout ce qu'elle avalait. Cela me fit beaucoup de peine pour elle.

Étrangement, je ne me sentais absolument pas malade à côté d'elle. Je me disais que son état était sans doute pire que le mien. Autant pouvais-je porter un regard particulièrement objectif, quasi médical sur les autres, autant étais-je incapable d'évaluer ma propre situation.

Je sais maintenant qu'il en allait sans doute de même pour toutes les participantes de ce groupe. Alors que le professeur en charge de la discussion nous exposait le thème du jour en nous expliquant diverses expériences réalisées sur des rats, la porte s'ouvrit.

Une infirmière entra et informa l'assemblée qu'une jeune fille avait été retrouvée inanimée à côté des toilettes. Elle venait de faire un arrêt cardiaque.

Le médecin dut immédiatement quitter la salle. À l'intérieur, ce fut terrible : les filles qui connaissaient la patiente s'effondrèrent en larmes et les autres, comme moi, demeurèrent en état de choc.

D'un seul coup, la gravité de la maladie prenait forme. J'avais toujours su que l'extrême maigreur diminuait les capacités de chaque muscle, y compris le cœur. Je connaissais aussi les risques liés aux vomissements (hypokaliémie et hyponatrémie) qui pouvaient se révéler fatals.

Mais malgré tout, à la manière d'un fumeur invétéré qui connaît parfaitement tous les risques liés au tabac mais ne s'en soucie pas, je n'avais jamais imaginé une seconde qu'une telle chose puisse m'arriver.

Et là, subitement, j'avais la preuve que ces risques étaient bien réels, que je pourrais, moi aussi, m'écrouler le soir même dans ma salle de bains, et qu'il n'y aurait personne pour venir me réanimer.

Les diététiciennes présentes avec nous dans la salle tentèrent tant bien que mal de nous rassurer et de nous faire parler de ce que nous ressentions. Je quittai le groupe une heure plus tard, complètement bouleversée et décidée à ne plus jamais vomir.

Le lendemain matin, j'enfouissais ce mauvais souvenir en avalant des paquets de gâteaux qui terminèrent au fond de la cuvette des toilettes sans jamais avoir eu le temps d'être digérés…

XIV

2007

Un an après ma rencontre avec Peter, alors que je passais mon concours pour devenir professeur, j'étais de nouveau largement passée sous la barre des 40 kilos, seuil fatidique sous lequel je n'étais plus descendue depuis trois ans.

Après avoir tout tenté, Peter renonça à m'aider et à comprendre. Selon lui, il s'agissait d'une simple question de motivation : si je désirais guérir et arrêter de vomir, je n'avais qu'à le décider et m'y tenir. Bien sûr, je savais pertinemment que ce n'était pas aussi simple, mais il n'en démordait pas.

Sans trop savoir pourquoi mais à ma grande joie, j'obtins mon CAPES. Les épreuves orales avaient été pénibles. Mon poids était largement descendu en dessous de la barre des 40 kilos. Je ne comprenais pas que le jury puisse faire confiance à une personne dans un tel état de délabrement pour enseigner à des collégiens. Mais comme tout ce que j'avais entrepris jusqu'à présent, j'avais réussi. Mes parents étaient de nouveau très fiers de moi. Ma mère, comme pour le bac, m'avait répété qu'échouer ne serait pas une catastrophe. Comme pour le bac, j'avais le sentiment que ses paroles signifiaient exactement le contraire.

Mon frère – qui avait eu droit au même discours – obtint son BTS au même moment. Je m'en voulus de ma réussite. Je ne souhaitais pas lui faire de l'ombre. Je désirais que ce soit lui qui reçoive pour une fois toutes les félicitations.

Mais nous fûmes deux à réussir et on ne cessa de louer le fait que je sois une des rares de ma promotion à obtenir le concours dès la première tentative. Je serais donc professeur stagiaire à la rentrée. Où ? Je n'en avais aucune idée.

Mais ce n'était pas ce qui m'angoissait le plus. Le véritable souci, c'était mon poids. Je n'aurais jamais la force d'affronter des élèves dans cet état. Et je ne voulais pas non plus servir de mauvais exemple, courir le risque que des adolescents s'identifient à moi.

Le jour du rendez-vous avec le spécialiste arriva enfin. Après avoir fait le point sur mon parcours, il me proposa une solution à laquelle je n'avais jamais pensé : la sonde naso-gastrique. Il m'en expliqua le principe en même temps que sa théorie.

Cette méthode, habituellement employée lorsque les personnes ne peuvent ou ne veulent plus se nourrir, consistait à l'insertion d'un fin tuyau dans une narine. La sonde descendait jusqu'à l'estomac. La partie externe était reliée à une pompe avec compte-gouttes, elle-même reliée à une poche de liquide nutritif.

La pompe permettait un apport régulier de nourriture à l'estomac. L'objectif de cette sonde serait double dans mon cas. Elle servirait d'une part à m'apporter les calories et les nutriments nécessaires à une reprise de poids ; d'autre part, elle m'empêcherait de me faire vomir. Pendant un mois, je ne devrais rien avaler, seulement me laisser nourrir par la sonde.

Ensuite, je réintégrerais les différents repas petit à petit. Enfin, je conserverais la sonde quelque temps encore sans qu'elle ne me délivre quoi que ce soit, juste dans le but de m'empêcher de vomir. Effectivement, vomir avec une sonde peut se révéler très dangereux : on risque d'étouffer ou de se percer l'estomac.

Je prêtai une grande attention à ces propos. Mais comme le mois de juillet était déjà bien entamé et que je me voyais mal commencer ma carrière avec un tuyau qui me sortait du nez, je préférai refuser et me laisser le temps de la réflexion. Le médecin comprit cette position et me prescrivit des compléments alimentaires hyperprotéinés à prendre en plus de mes repas (il me donna un dossier avec toutes les quantités d'aliments que je devais absolument consommer au cours de la journée) afin de retrouver un poids correct. Je suivis ses conseils quasiment à la lettre, prenant sur moi pour ne pas trop me faire vomir. Un mois plus tard, je pesais 8 kilos supplémentaires, ne me supportais plus mais étais en forme pour la rentrée.

XV

« J'étais possédé, et je ne pouvais m'en défendre ; du matin au soir, je ne voyais que pions, tours, rois et fous [...] Tout mon être, toute ma sensibilité se concentraient sur les cases d'un échiquier imaginaire. La joie que j'avais à jouer était devenue un désir violent, le désir une contrainte, une manie, une fureur frénétique qui envahissait mes jours et mes nuits. Je ne pensais plus qu'échecs, problèmes d'échecs, déplacement de pièces. Souvent, m'éveillant le front en sueur, je m'apercevais que j'avais continué à jouer en dormant. »

(Zweig)

2008 (janvier-avril)

Les kilos si vite gagnés au cours du mois d'août avaient été presque tous perdus. Le début de l'année scolaire avait été éprouvant et la fin ne le serait sans doute pas moins. Il me fallait préparer mes cours, corriger les copies et surtout parcourir les 200 kilomètres depuis le fin fond de la campagne où j'avais été mutée jusqu'au centre académique toutes les semaines pour suivre la formation à l'IUFM. J'étais épuisée. Et les crises de boulimie s'intensifiaient.

Dès lors que je n'étais plus devant les élèves et me retrouvais seule dans un appartement beaucoup trop grand pour moi, je me ruais sur la nourriture. Je préparais mes cours et corrigeais mes copies en mangeant. Je ne cessais que pour vomir et aller faire des courses.

Moi qui avais tant de mal à dépenser mon argent pour m'offrir ne serait-ce qu'un livre ou un joli tee-shirt, je dilapidais plus de la moitié de mon salaire chaque mois pour me détruire ! J'avais beau me fixer un budget hebdomadaire d'une centaine d'euros et n'acheter que les produits les moins chers, je finissais inexorablement par dépasser largement la somme. Cela vous laisse imaginer les quantités que je pouvais ingurgiter…

Lorsque j'avais terminé mon travail à la maison, je m'installais devant la télé et continuais à m'empiffrer jusqu'à ce que je sois trop fatiguée de vomir. Je profitais même des interminables trajets en voiture pour manger. Je m'arrêtais systématiquement à mi-parcours pour faire le plein de gâteaux que j'avalais en conduisant pendant une grosse demi-heure. Une fois rassasiée, je garais le véhicule le long de la nationale déserte pour expulser les sucreries, essayant tant bien que mal d'éviter les éclaboussures sur mes chaussures et mes vêtements.

Une fois terminé, je reprenais la route en mâchant frénétiquement du chewing-gum pour passer le temps durant les 100 derniers kilomètres.

Mon état de santé empirait. Un rendez-vous chez le dentiste venait de me le confirmer. Toutes mes dents ou presque étaient cariées. L'émail qui les recouvrait avait été bien trop attaqué par l'acidité des vomissements. Le dentiste me prévint qu'en continuant à ce rythme elles finiraient soit par toutes mourir à cause des caries, soit par se déchausser. Encore une nouvelle qui n'arrangeait pas mon moral. Mais même ce genre d'avertissement lancé par mon corps n'était pas suffisant pour me faire stopper les crises.

À ce moment, j'ai pleinement conscience de la gravité de mon état. Mais rien n'y fait. Peu à peu, crise après crise, je me soustrais à la vie.

Je me sentais complètement déprimée et vraiment très seule. Peter était loin, ma famille était loin. Même les soirées passées en compagnie de mes sympathiques collègues ne parvenaient pas à me défaire de ce sentiment.

Dans un certain sens, je nourrissais cette solitude. Lorsque Peter proposait de venir passer quelques jours auprès de moi, j'arguais une charge de travail trop importante et lui disais que je serais capable de patienter jusqu'à la semaine suivante. Je sentais notre relation s'étioler depuis un moment déjà. Je travaillais, lui poursuivait ses études.

Nous vivions loin l'un de l'autre. Et surtout, j'avais fait un choix. Je préférais les crises à sa compagnie. Pour illustrer ce propos, je ne choisirai qu'un exemple, celui de nos dernières vacances ensemble, ou plutôt séparés. Vacances de février 2008 donc. Je quitte cet immense appartement de fonction trop vide et trop froid dans la campagne pour passer quelques jours chez mes parents. En fait, je pensais passer ma première semaine de congés en famille et la seconde, dans mon appartement, avec Peter. Sauf qu'après quelques jours à tenter d'éviter les crises chez mes parents, je n'ai qu'une envie, me retrouver seule et profiter de mon temps libre comme je l'entends. Je n'ai, hélas, plus besoin de préciser qu'à cette époque, profiter de mon temps libre est synonyme de crises gargantuesques.

Au bout d'une semaine donc, je quitte le domicile familial pour rejoindre Peter. Là, je lui explique que je préférerais finalement rentrer seule chez moi afin d'avoir le temps de préparer mes cours pour la rentrée. Évidemment, il n'est pas dupe.

Il se doute bien que quelque chose ne va pas et nous nous quittons en assez mauvais termes. Je passe les 200 kilomètres qui me séparent de chez moi à pleurer et m'en vouloir de m'être comportée ainsi. Comment est-il possible d'être à ce point égoïste ? Comment est-il possible de préférer passer ses journées à se goinfrer plutôt qu'en compagnie de la personne aimée ? Je rejette celui que j'aime pour me détruire. Et la prise de conscience de ce simple fait me pousse à vouloir me faire encore plus de mal. Peter pense comme Sartre. Selon lui, nous sommes maîtres de nos choix.

Même si je suis plutôt d'accord avec cette idée, force est d'accepter, qu'à cette période de ma vie – sans vouloir me dédouaner de quoi que ce soit – je ne gouvernais plus mes choix ; ils m'étaient dictés par la maladie. Au bout de quelques jours, Peter finit par me rejoindre. Mais nous savions bien que, même si nous ne nous l'avouions pas encore, quelque chose s'était brisé entre nous.

Deux mois plus tard, nous finîmes par nous séparer. Je passais davantage de temps à manger et vomir qu'à le voir et nous nous faisions du mal. La maladie ne fut sans doute pas la seule cause de notre séparation, mais elle y contribua en grande partie.

Jamais je ne pourrai oublier l'intensité de notre relation, mais aussi étrange que cela puisse paraître, je sais à présent que je n'aurais sans doute jamais pu guérir à ses côtés. Effectivement, je l'admirais bien trop et me sentais trop inférieure d'un point de vue créatif pour réussir à m'émanciper et à vivre ma vie de façon plus apaisée.

Encore un paradoxe, une personne normalement constituée préférera cent fois avoir quelqu'un pour l'aider à résoudre un problème, quelqu'un qui pourra la soutenir dans l'adversité. Toutefois, je pense que malgré tous ses efforts et ma bonne volonté pour m'en sortir, je n'y serais jamais arrivée véritablement avec Peter. En effet, je serais peut-être parvenue à guérir pour nous, mais je ne me serais pas guérie pour moi-même. Et tant que je ne le faisais pas pour moi mais pour les autres – que ce soient mes parents au début ou Peter plus récemment – je ne pouvais pas y arriver de manière satisfaisante.

XVI

« Je voudrais pas crever
Avant d'avoir goûté
La saveur de la mort. »

(Vian)

Printemps 2008

Putain de maladie !! Bientôt six ans que ça dure. Je n'en peux plus. Pourtant, j'en ai fait des efforts pour me raccrocher à la vie, pour essayer de ne plus y penser. Et maintenant que tout devrait bien aller – je fais le métier que j'aime, j'ai un homme que j'aime – tout semble empirer pour moi. Je ne dors plus, depuis une semaine je ne ferme plus l'œil. Au début, je pensais que c'était le stress des mutations, le fait de ne pas savoir dans quel coin de la France le ministère de l'Éducation nationale allait m'envoyer.

Mais les résultats sont tombés et j'ai obtenu ce que je souhaitais, je resterai dans mon académie d'origine. Ce n'étaient donc pas les mutations qui m'empêchaient de dormir, c'était la peur, la peur de mourir. Oui, j'ai peur de crever. C'est légitime, je pense, quand on vient d'avoir 23 ans d'avoir peur,

peur d'y passer. Pardonnez mon langage un peu cru mais ma réalité à moi l'est bien plus encore. Imaginez-vous, vous lever le matin, vous dire que vous allez être fort, qu'aujourd'hui, vous ne vomirez pas, vous mettre à table pour déjeuner, tartiner une tranche de pain, mordre dedans et, une petite demi-heure plus tard, après avoir englouti une dizaine de toasts, voir toutes vos bonnes résolutions submergées par la première chasse d'eau déclenchée de la journée.

Comment imaginer une telle vie : manger – vomir – manger – vomir, une éternelle boucle d'autodestruction, une perpétuelle mise à mort à petit feu. Heureusement que j'exerce un métier qui me force à travailler à la maison, qui m'occupe un peu les week-ends, qui me demande une réflexion intellectuelle et qui me met, tous les jours, en face de gamins dans des situations pires que la mienne et pour qui j'ai l'espoir d'apporter le petit quelque chose que je ne suis pas capable de m'offrir à moi-même.

Quelle égoïste, je ne pense qu'à ma petite personne. Et encore, s'il n'y avait que moi qui souffrais, je serais presque heureuse ; mais ce n'est pas le cas. Tout le monde souffre autour de moi : mes parents, mes frères, mes amis, mon chéri. Oui, ça fait des années qu'ils doivent supporter cela, supporter d'être face à quelqu'un qui s'est jeté de la falaise, qu'ils n'ont pas pu rattraper mais qui ne s'est pas encore écrasé. Face à leur incapacité à faire quoi que ce soit pour une personne qu'ils aiment et qui les aime tant aussi.

Vomir. Vomir matin, midi, soir, à longueur de journée, quoi qu'il arrive, quelles qu'en soient les circonstances. Vomir même un petit-beurre ou un carré de chocolat pris avec le thé à la pause de 10 heures.

Vomir même les jours où je suis vraiment malade, scotchée au lit à cause d'un virus, parce que je ne supporte pas de garder le peu que je mange dans l'espoir de reprendre des forces.

Vomir dans des bouteilles, des sacs poubelle, au fond des jardins sous la pluie pour que personne ne se rende compte de rien dans les toilettes.

Dissimuler, toujours. Dissimuler. Faire comme si tout allait bien, sourire en sortant des toilettes, rester debout, ne pas s'évanouir. Ne pas céder au vertige en relevant la tête au-dessus de la cuvette des toilettes, ne pas se laisser tomber, ne pas montrer sa faiblesse pour ne pas être sauvée, pour sauver les apparences – enfin, ce qu'il en reste.

Pourquoi les gens restent-ils attachés à moi comme ça ? Ils ont envie de souffrir eux aussi ? Seul mon frère a renoncé et me le fait sentir en ne m'adressant quasiment plus la parole. C'est lui qui a raison.

Les autres voient pourtant bien qu'ils ne peuvent rien faire mais ils continuent à essayer en vain, comme si j'étais leur moulin à vent, comme si le fait d'être proche de quelqu'un qui se met à mort lentement les raccrochait à leur propre vie. Je ne veux pas être sauvée, je n'attends pas le prince charmant qui le fera. Mon prince, je l'avais trouvé, il a fait tout ce qu'il a pu et continuera sans doute à le faire, d'une autre manière, mais je ne l'ai jamais détesté autant que lorsqu'il faisait cela. Je n'ai pas envie d'être entourée d'apprentis psy, je n'ai nul besoin de la pitié ou de la colère des autres ; je veux juste être considérée comme quelqu'un de normal.

C'est paradoxal, je le sais parfaitement, mais c'est ainsi que je ressens les choses. Je suis peut-être différente mais je voudrais qu'on me considère comme tout le monde. Ceux qui ne sont pas au courant le font et ça me fait du bien. J'ai trop voulu jouer la carte de sincérité sur ce point autour de moi.

Enfin, il faut dire qu'à une période, je ne pouvais pas faire autrement. Aujourd'hui, je juge mon état bien pire qu'il y a cinq ans, et pourtant, il y a cinq ans, j'étais à l'hôpital avec interdiction de me lever. La seule différence, c'est que cinq ans auparavant, ma maladie était très visible, aujourd'hui, elle ne l'est plus.

XVII

2008

Il existe, en effet, une différence énorme entre le début de la maladie – la phase anorexique pure – et l'état qui a suivi. Lorsque vous pesez 33 kilos, votre entourage, plus ou moins proche, est conscient que vous avez quelque chose qui ne va pas. Je portais mon envie de me détruire sur moi, il n'y avait qu'à me regarder : un squelette ambulant !

Bien sûr, ce n'est pas simple d'entendre les inconnus dans la rue, ou vos propres parents, faire ce genre de comparaison.

Cependant, il faut bien avouer que j'ai tiré, paradoxalement, du réconfort dans ce genre de propos.

C'est un réflexe naturel à l'Homme – et je n'aurai pas besoin ici d'aller citer Rousseau –, il compatit à la douleur de son prochain et cherche à l'aider comme il voudrait qu'on l'aide s'il se trouvait dans la même situation. Certaines anorexiques diront que c'est tout le contraire qui s'est passé pour elles et que leur entourage les a fuies comme si elles étaient pestiférées. Ce ne fut pas le cas pour moi.

Même si je tentais par tous les moyens, mais contre ma volonté, d'échapper au monde, celui-ci s'est constamment rappelé à moi.

Ainsi, tout le monde cherchait à prendre soin de moi, et l'idée d'occuper les conversations et les esprits était très réconfortante ; je n'étais plus si seule dans ma solitude.

Une fois la phase anorexique terminée, l'attention portée à ma petite personne est retombée comme un soufflé à la sortie du four.

J'ai repris du poids et ai commencé à revivre « normalement », en apparence du moins. Je n'ai plus refusé les sorties au restaurant ni les soirées que l'on me proposait, je n'ai plus refusé de boire un coup ou de déguster une part de gâteau. J'ai même bu plusieurs verres et mangé plusieurs parts de gâteau.

À la grande joie de tous. Mais j'ai le sentiment de me gaver. Et ce n'est pas qu'un sentiment. Lors de ces soirées, je mange et je bois pour me donner une contenance, pour ne pas avoir à parler, pour faire comme tout le monde, ne pas me déconnecter des autres et surtout pour ne pas m'ennuyer.

Parce que pendant que je me goinfre de pizza, de quiche et de fondant au chocolat, sans savoir si ce que j'avale me plaît ou non, je ne pense pas à quel point je me sens seule, vide et infiniment éloignée des gens qui s'amusent autour de moi.

Mais toute cette nourriture, c'est beaucoup trop pour moi, pour mon estomac d'oiseau. Depuis cinq ans, je peux, certes, avaler autant d'aliments et de boissons que je le souhaite mais mon esprit et mon corps refusent de les conserver. Pendant chacune de ces soirées, lors desquelles tout le monde se satisfait de me voir en bonne santé, l'appétit retrouvé, je disparais aux toilettes afin de me purger et de pouvoir retourner faire bonne figure face à la société.

Puisqu'au final, c'est la seule chose qui compte, donner l'apparence que tout va bien. La boulimie, bien plus que l'anorexie, est la maladie de la dissimulation.

XVIII

Printemps 2008

« Cette saloperie est en train de me prendre ce que j'ai de plus cher. Mon amour, tu ne peux plus supporter de me voir dans cet état et je te comprends. Tu ne constates aucune évolution depuis deux ans déjà. Et comment pourrais-je t'affirmer qu'il y en a eu une ? La seule véritable évolution, et pour moi c'est plus important que n'importe quoi d'autre, c'est que je peux enfin affirmer aimer quelqu'un et ce quelqu'un ce n'est pas n'importe qui puisque c'est toi. Je ne t'aime pas parce que tu m'aides à guérir ni parce que tu me soutiens, non. Bien sûr, ça me donne de la force mais ce n'était même pas cela que j'attendais. En fait, je n'attendais rien de toi mais de moi. Jusqu'au jour où je t'ai rencontré, enfin, pas tout à fait, quelques mois après plutôt, j'ai compris que l'amour que je ne parvenais pas à me donner à moi-même je pouvais tout de même le reporter sur quelqu'un d'autre. Pas sur n'importe qui évidemment. Sur quelqu'un qui aurait assez de sensibilité pour me comprendre. Je me suis sans doute trompée. Tu possèdes une grande sensibilité, mais tu n'as pas la force de m'aimer telle que je suis. Je ne te jette pas la pierre, au contraire, je te comprends. Moi-même je ne me supporte pas, alors comment demander à quelqu'un de vous supporter dans ce cas. En outre, je ne considère pas l'amour comme un devoir rendu à l'autre. Tu ne me dois rien, tu n'es pas obligé d'accepter mes dérives mais dans ce cas, si tu n'es plus capable d'assumer ce que je suis, d'assumer ce que nous sommes, ne t'oblige pas à rester pour une pseudo-croyance que tout finira par s'arranger plus tard. Ça me fait mal aux tripes d'écrire des choses comme ça. Je ne dis pas cela par pessimisme comme tu pourrais le croire mais par amour. Je ne veux pas que tu souffres à cause de moi. Tu mérites mieux que cela et tu le sais. Ça n'arrangera rien pour moi, au contraire, de te voir t'éloigner de moi petit à petit. Si tu veux partir, pars sans regret mais garde les bons souvenirs ; si tu veux rester, reste – et c'est ça que je souhaite, tu le sais bien – mais reste pleinement, sans m'en vouloir à chaque instant, sans me mettre la pression. J'imagine à quel point ce que je te demande, dans l'une ou l'autre des solutions, est difficile à accepter. Me quitter par amour ou rester par amour. Presque un dilemme cornélien. La seule chose qui est importante à mes yeux c'est de ne pas te faire souffrir ; un amour pur ne fait pas souffrir, il rend heureux, tout simplement. Je peux dire que je suis heureuse avec toi, même si tu ne l'admets pas forcément en observant ma façon de me comporter. Mais je te répondrai que ce n'est pas parce que je me sens malheureuse en moi que je ne suis pas capable d'être heureuse avec toi. Contrairement à toi, je parviens à faire une distinction entre mon état de santé et notre couple. Je ne nie pas que les deux soient liés, mais je refuse de nous réduire à cette triste perspective tout comme je me refuse à m'y réduire moi-même. »

Je ne me souviens pas avoir eu le courage de lire ce texte à Peter ; ou alors, si je l'ai fait, cela s'est passé après notre rupture, une fois qu'il était trop tard.

Trop tard pour nous. Quel gâchis ! J'ai préféré la maladie à l'amour, j'ai choisi de continuer à me détruire plutôt que de poursuivre la construction de cet avenir que nous nous étions promis de vivre ensemble.

Comment peut-on être à ce point égoïste ? J'espérais pourtant tellement de nous. Pourtant je me sens presque comme soulagée, soulagée d'être mise face à moi-même, face au monstre qui me bouffe de l'intérieur depuis tant d'années.

XIX

« Une solution qui vous démolit vaut mieux que n'importe quelle incertitude. »

(Vian)

Été 2008

Encore des mois de passés, des mois de filés. Et pourtant, cette fois-ci j'y ai cru. J'ai vraiment cru lui dire adieu à ce double terroriste de moi-même. La décision était mûrement réfléchie. Des rendez-vous pris des mois à l'avance pour appliquer cette méthode radicale : la sonde naso-gastrique.

Voilà des semaines maintenant que je songeais à cette solution qui m'avait été proposée l'été précédent. J'avais bien pesé le pour et le contre et avais fini par me décider. Ma vie ne pouvait plus être une succession de crises. Ma vie ne pouvait plus être qu'une horrible vomissure. De nouveau, la maladie serait visible aux yeux de tous, mon fardeau se verrait au milieu de ma figure, je ne pourrais plus me fuir. Premières grandes vacances en tant que prof. J'ai décidé de repartir à zéro, pour moi. Dernières crises avant un sevrage de deux mois, avant le sevrage à vie. Je me présente à l'hôpital avec mon fin tuyau. La semaine précédente, on m'a livré à domicile tout ce qu'il fallait : sonde, pompe, kits de nettoyage, dizaines de poches pour nutrition entérale, potence à roulette pour maintenir les poches et pouvoir me déplacer chez moi, sac à dos conçu pour transporter pompe et poche lors de mes sorties à l'extérieur. Une diététicienne est venue me rendre visite pour m'expliquer le fonctionnement de la machine. Elle m'a montré comment régler le débit, nettoyer les tubes. Elle reviendra lorsque la sonde sera mise en place. Je vous passerai les détails de cette opération, l'impossibilité de passer le tuyau dans ma narine droite, la douleur intense, mon semi-évanouissement, la tentative réussie à gauche, la radio de contrôle, le réajustement, le pansement en plein milieu de ma figure blafarde, mon retour à l'appartement et la certitude, après tout cela, que rien ne serait fini dans deux mois.

Pire qu'une droguée, je suis en manque de bouffe et je n'ai pas le droit d'avaler le moindre aliment. Je n'ai tenu qu'un jour, un seul jour sans manger. Et ces poches qui me gavent telle une oie pour Noël !

Tout a recommencé le lendemain de la pose ou presque. J'ai mangé alors que je ne devais pas. J'ai recommencé à dissimuler alors que je suis seule chez moi. Comment peut-on se mentir à soi-même à ce point ? Je vide mes poches et je mange à côté. Je fais n'importe quoi. Je suis incapable de me tenir à quoi que ce soit. Comment vais-je faire avec mes parents, avec lesquels je dois passer une partie des vacances, pendant plus d'un mois ?

Dissimuler. Peut-être encore plus qu'avant. Je mange des carottes et des gâteaux à la place de faire passer mes poches. Et j'ai trouvé le moyen de faire semblant de les passer. Je les vide puis les remplis avec un verre de lait dilué dans de l'eau pour conserver la couleur blanchâtre. Je divise la vitesse du goutte-à-goutte par deux pour que ça tienne la durée prévue initialement. Me revoilà partie dans mes calculs infernaux ! Je suis vraiment bonne à enfermer !

Étrangement, je m'accommode assez bien de cette sonde. Avant la pose, je craignais éprouver des difficultés à gérer le regard des autres sur moi dans la rue. Croiser quelqu'un avec un tuyau dans le nez relié à un sac à dos n'est pas banal et attire forcément le regard. Mais je ne prête pas attention aux gens qui me dévisagent. Je parviens même à désacraliser le tube en imaginant qu'il s'agit d'un tout nouveau système d'écouteur de musique interne au corps afin de mieux ressentir les vibrations sonores. Bref, n'importe quoi plutôt que de me considérer comme malade !

À force de prendre ce dispositif médical à la légère, il a failli me tuer. Ou plutôt, les vomissements associés à la sonde ont failli me tuer. Un soir de juillet, je suis chez ma tante, dans le Sud. Je mange de plus en plus de gâteaux au lieu de faire passer mes poches.

Pire, j'aspire ce qu'il y a dans mon estomac à l'aide de la seringue qui est censée me servir à nettoyer ma sonde. Il faut l'avoir vécu pour imaginer la chose. C'est vraiment dégoûtant. Voir remonter un liquide brunâtre à travers le tube en plastique semblable à une veine qui sortirait de votre corps constitue une expérience assez surréaliste.

Bref, ce soir-là, je trouve que j'ai trop mangé et essaie de me faire vomir alors que c'était totalement déconseillé car en remontant avec les aliments la sonde pourrait me percer l'estomac ou l'œsophage ou alors se coincer et m'empêcher de respirer.

Je vomis une première fois, rien ne se passe. Je me dis donc que je peux continuer à manger tranquillement et que je pourrai à nouveau me faire vomir. Un quart d'heure plus tard, je renouvelle l'expérience. Mais là, panique ! le tube est remonté, je manque de m'étouffer ! J'ai tout juste assez conscience du danger pour me le retirer au plus vite.

Après avoir passé une bonne demi-heure à pleurer et à reprendre mon souffle en me demandant si je n'ai rien de percé à l'intérieur de moi, j'appelle l'assistance nocturne de la sonde. J'invente un truc bidon : je leur explique que le tuyau est remonté pendant mon sommeil – c'était un des risques avec ce système, il me fallait donc dormir assise.

À deux heures du matin, le docteur au bout du fil me rassure et me conseille de me rendre à l'hôpital dès le lendemain matin pour que l'on me remette une sonde. Problème : je vais devoir l'expliquer à mes parents.

Après une courte nuit, je me rends à l'appartement de mon grand-père où mes parents logent avec mes frères. Il est sept heures du matin, je sonne à l'interphone, ce qui réveille tout le monde. En pleurs, je leur donne la même explication fumeuse qu'au médecin. Ma mère est paniquée, mon père m'emmène aux urgences. Là-bas, je dois tout réexpliquer, ils ne veulent tout d'abord pas me remettre de sonde, n'en comprenant pas vraiment le but mais finissent par abdiquer au bout d'une heure de palabres…

Aujourd'hui, je sais que cette histoire de sonde était complètement stupide. Encore une fois, je n'avais pas vraiment agi pour moi-même mais pour faire croire aux autres que je voulais m'en sortir. Je voulais que ma maladie se voie de nouveau.

Je voulais que mes parents la voient afin que nous puissions en parler. Depuis des années, le sujet était devenu complètement tabou même s'ils voyaient bien que ça n'allait pas.

Des faux-semblants au prix de ma vie. Je ne pouvais plus tolérer ce genre d'actes inconsidérés.

Début août, je rentre dans la maison de mes parents avec mon frère. Le dialogue avec lui est toujours très compliqué. Depuis le début de la maladie, il refuse quasiment de me parler. Il faut dire que j'ai eu un comportement atroce vis-à-vis de lui au début. Je le forçais quasiment à manger, lui mettais des gâteaux dans les poches avant qu'il parte en cours alors que, moi, je refusais d'avaler quoi que ce soit. Il n'a pas supporté cette période. Je le comprends parfaitement. À l'époque, je passais mes journées dans la cuisine à préparer à manger pour toute la famille. J'ajoutais plus de matières grasses et de sucre qu'il n'en fallait dans les recettes.

Je faisais manger à mes parents et à mes frères tout ce que je me refusais, car, bien sûr, je n'avalais jamais aucune de mes préparations. Le simple fait de manipuler les aliments, de sentir les odeurs de cuisson me remplissait l'estomac tout en me paniquant. Mais revenons à ce retour du sud de la France. Je suis donc chez mes parents, seule avec mon frère qui a trouvé du travail pour cette deuxième partie des vacances. Mes parents profitent encore du climat méditerranéen. J'ai toujours ma sonde, mais comme un mois est passé, je dois diminuer les poches et réintégrer un vrai petit déjeuner. Ce que je fais avec plaisir. Cependant, l'envie de manger en grandes quantités me reprend de plus belle.

Un soir, alors que mon frère part se coucher, je me fais cuire des pâtes et retire ma sonde. La diététicienne m'en avait rapporté une nouvelle, plus fine que celle qu'on m'avait posée d'urgence dans le sud. Cela signifiait donc que je pouvais retirer l'autre, faire une crise, vomir, et aller le lendemain matin aux urgences pour mettre en place la nouvelle. Mon frère ne s'apercevrait de rien. Je prépare donc ma crise : une casserole pleine de pâtes et de mayonnaise, des glaces, des gâteaux… j'engloutis tout cela dans la chambre de mes parents – lieu qui jouxte les toilettes et le plus éloigné de la chambre de mon frère. Je m'empiffre et vomis pendant des heures en essayant de faire le moins de bruit possible.

Le lendemain matin, je me rends aux urgences en croisant les doigts pour ne rencontrer aucun des collègues de mon père qui, lui, travaille au bloc opératoire. On me fait patienter, puis on me demande pourquoi on doit me mettre cette sonde.

Je réexplique tout une nouvelle fois. L'infirmier, dubitatif, ne trouve rien de mieux que de téléphoner au professeur en charge de mon dossier pour avoir confirmation. Je panique un peu car je n'avais aucune envie que ce dernier soit au courant pour ces histoires de changements de sonde. J'imagine déjà qu'il va me le faire remarquer et me poser des tas de questions à ce sujet lors de notre prochain entretien. Finalement, je sors des urgences avec ma nouvelle sonde après plus de trois heures d'attente.

Les jours passent. Je reste seule une bonne partie de la journée pendant que mon frère travaille. J'ai quasiment arrêté de passer les poches et je remange un peu. Bien sûr, je ne parviens pas à suivre ce que la diététicienne m'a prescrit. Je mange de manière à ne pas trop grossir. On est début août déjà et j'ai pris presque 7 kilos en un mois. Je me trouve immonde, difforme. Mon corps me renvoie à ma sortie de l'hôpital en 2003. Mes joues et mon ventre me semblent disproportionnés par rapport au reste de mon corps. Mais je n'ai pas le choix. Je dois être en forme pour aborder ma première rentrée des classes en tant que titulaire.

Le jour du rendez-vous tant redouté est arrivé. Je me rends au CHU, la peur au ventre. Je crains d'être démasquée et de me faire disputer comme une petite fille. Une fois encore, je me suis voilé la face. Je mens aux autres mais surtout à moi-même. Je comprends que cette histoire de sonde était inutile. Surtout sans suivi psychologique annexe. Je me demande si ce genre de traitement a déjà été efficace dans ces conditions (à domicile, sans aucun suivi) pour qui que ce soit. Si quelqu'un a réussi à s'en sortir de la sorte, je lui tire mon chapeau ! L'entretien se déroule finalement au mieux. Le professeur me sourit, observe ma peau – plus souple, moins sèche depuis la reprise de poids –, me fait des compliments sur mon physique... Bien sûr, je lui dis ce qu'il veut entendre : « Oui, j'ai peur de retirer la sonde car je crains de faire des crises de nouveau », « Oui, je la considère encore comme une béquille », « Oui, mon corps tel qu'il est à présent est bien plus en forme », « Oui, je vous tiendrai au courant de l'évolution une fois que j'aurai retiré la sonde », « Non, je n'ai pas de problème pour réintroduire les repas »... Foutaises ! S'il n'a pas cru ce que je lui ai dit, c'est qu'il est aussi bon menteur que moi !

Il est temps que je regagne ma campagne afin de procéder à mon déménagement. Je dois quitter l'appartement de fonction que j'occupais puisque je change d'établissement à la rentrée. Mes cartons sont prêts et ma famille débarque pour m'aider. C'est le 15 août et il pleut à verse. Nous nous entassons les cinq dans mon petit deux pièces et le lendemain, avant leur départ, nous nous rendons au restaurant. Oui, la diététicienne m'avait récemment informée que je pouvais réintégrer le repas du midi. La veille au soir, j'avais balancé le contenu d'une poche depuis ma fenêtre de chambre, au troisième étage. Nous sommes donc au restaurant. Je commande une salade aux écrevisses puis une crêpe Belle-Hélène. Il y a beaucoup trop de chocolat à mon goût, je ne rêve que de vomir, de retirer tout ce chocolat de mon corps, de me nettoyer l'estomac… J'ai envie que mes parents partent le plus vite possible, envie de me retrouver seule, avec ma seringue vide, pour aspirer le chocolat à l'intérieur de mon estomac par la sonde, pour me purifier.

Voilà, je suis seule. Je ne verrai sans doute plus mes parents avant les prochaines vacances et pourtant je suis heureuse. Heureuse d'avoir réussi à me purger. Normalement, je dois encore garder la sonde jusqu'à la veille de la rentrée. Mais plus j'y pense, plus je me dis que cela sera impossible. J'ai envie de me jeter sur un pot de pâte à tartiner sans avoir à en subir les conséquences. Toutefois, je ne retire pas la sonde immédiatement. J'arrive à la conserver encore un ou deux jours. Je pensais poursuivre mon effort jusqu'au 1er septembre mais voilà que j'obtiens un rendez-vous avec mon banquier. Je ne veux absolument pas avoir l'air malade pour m'y rendre. Le matin, je retire donc le fin tuyau de ma gorge et de mon nez avec précaution. Je le mets à tremper pour le laver. J'ai envie de le conserver afin de me rappeler à quel point ce que j'ai vécu était douloureux pour ne pas rechuter. Le rendez-vous se passe bien. Je pars ensuite faire quelques courses pour remplir mon frigidaire. Arrivée dans la grande surface, je commence à paniquer. Que manger ? Que pourrais-je manger que je n'aurais pas peur de conserver dans mon corps ? Quels aliments seront bons pour moi ? Je ne me souviens plus exactement de ce que contenait mon sac en sortant du supermarché. Je crois m'être nourrie quelques jours de galettes de céréales, de poisson, d'un peu de fromage et de salade et cela, sans me faire vomir. Mais la tentation était bien trop grande : j'étais seule, encore en vacances, j'avais envie de sucré et j'ai fini par acheter ce maudit pot de pâte à tartiner, des brioches et une brique de lait.

C'est étrange, ce choix d'aliments correspondait au goûter typique que je prenais presque quotidiennement jusqu'à la fin du lycée. Enfin, ce qui devait arriver arriva. Je ne réussis pas à me contenter d'une brioche fourrée au chocolat. J'engloutis tout le paquet en garnissant chaque viennoiserie d'une quantité gargantuesque de pâte à tartiner. Bien évidemment, les remords et les maux de ventre eurent raison de ma volonté et je fonçai dans ces nouvelles toilettes dans lesquelles, quelques jours plus tôt, je m'étais juré de ne jamais vomir…

XX

Automne 2008

Six ans de descente aux enfers et cinq années de multiples crises de boulimie quotidiennes. Seule la période de la sonde a pu interrompre ce cycle infernal durant quelques semaines.

La rentrée 2008 approche, les crises s'accumulent, plus importantes les unes que les autres. Je suis de nouveau enfermée dans ce cercle vicieux, mais étrangement, je me sens mieux. Grâce à ça, le temps passe, je ne m'ennuie pas et je me sens vivante.

Vivante alors que je me détruis ! Je n'arrive pas à comprendre comment, il y a quelques années, j'ai réussi à arrêter de manger. Mais en y repensant, je m'occupais autrement qu'à vomir puisque je passais mon temps à calculer. Les calculs comblaient mon estomac vide et occupaient mon esprit affamé.

Je dois maintenant absolument expliquer en détail tous les bouleversements intervenus dans ma vie depuis le retrait anticipé de ma sonde à la fin du mois d'août 2008, quelques jours avant ma première rentrée en tant que professeur titulaire. Je partageais mes derniers jours de vacances entre préparations de cours et crises intensives. Je dormais peu.

Ce programme m'avait néanmoins tout juste laissé le temps d'adopter un mignon petit chaton gris – que je nommai Tinou. Une de mes élèves, la fille d'une collègue, m'avait dit qu'elle aurait des chatons à donner dans le courant de l'été. Je m'étais donc rendue chez elle un après-midi et avais littéralement craqué devant cette petite boule de poils.

Je me disais aussi que le fait d'avoir une présence, ne serait-ce qu'animale, ne me ferait pas de mal. Effectivement, je venais de déménager et ma famille et mes amis résidaient tous à plus de trois heures de route.

Et bien que je ne me fusse que très peu éloignée de mon précédent collège, je savais bien que je verrais beaucoup moins mes collègues de l'année passée. M'occuper d'un chat me permettrait donc de me sentir moins seule dans mon deux pièces.

La journée de pré-rentrée arriva vite. Une bonne quarantaine de kilomètres me séparait du collège dans lequel je devais effectuer un remplacement à temps plein au moins jusqu'aux vacances de Noël.

Je partis donc de bonne heure. J'étais à la fois enthousiaste et apeurée de commencer une nouvelle année. Enthousiaste car je savais que l'ambiance était excellente entre les jeunes professeurs de ce collège. Apeurée car j'avais appris que les élèves y étaient difficiles. Mais, en cette journée de pré-rentrée, ce n'étaient pas les élèves qui m'inquiétaient. Non. Ce qui me préoccupa pendant tout le trajet concernait deux moments cruciaux de la journée : l'inévitable petit déjeuner de bienvenue offert par le collège et le déjeuner au restaurant avec toute l'équipe. Je savais que je gérerais assez facilement le premier. Me contenter d'un thé ne serait pas mal vu.

Par contre, je savais déjà que je devrais trouver le moyen de m'éclipser quelques minutes après le repas du midi afin de me rendre aux toilettes pour me débarrasser discrètement de ce que je viendrais d'avaler.

Et, en ce tout premier jour, je ne voulais surtout pas attirer l'attention. Il y avait quand même un point qui me faciliterait la tâche.

Personne, en me voyant pour la première fois, strictement personne ne pourrait se douter que je souffrais d'un quelconque problème avec la nourriture. Je venais de retirer ma sonde, je pesais 48 kilos. J'étais fine, certes, mais pas maigre. Il était donc inutile que je me focalise sur les repas de la journée. Tout se passerait bien.

Et tout se passa bien. L'équipe était jeune et les collègues m'ont tout de suite intégrée. Au cours du déjeuner, une collègue me demanda si j'étais célibataire, parce que, dans ce collège, la tradition était de créer des couples. Je fus bien forcée d'avouer que oui. Elle me présenta alors deux jeunes profs qui n'avaient personne dans leur vie.

Mais, *a priori*, je n'étais pas intéressée. Cela ne faisait que quelques mois que nous nous étions séparés avec Peter et j'avais envie de profiter de mon célibat.

Trois jours après la rentrée, je fus chargée d'accompagner la classe de 6e en sortie pédagogique. Cette journée me permit de faire plus ample connaissance avec trois de mes collègues. Je passai toute la journée en binôme avec le professeur de technologie – l'un des deux célibataires.

Devant une œuvre d'art contemporaine ressemblant à un mikado géant, je lui expliquai que je devais aller récupérer un meuble de cuisine le soir même et que, connaissant mes piètres talents de bricoleur, ce dernier ne serait pas prêt d'être monté ou que si je m'y mettais, le meuble en question finirait peut-être par trouver sa place dans ce musée d'art moderne !

À peine eus-je terminé ma phrase qu'il me proposa de venir le monter. Je l'en remerciai mais déclinai son offre. Lui faire parcourir une centaine de kilomètres aller-retour pour donner des coups de marteau ne me paraissait pas très correct alors que l'on se connaissait à peine.

Les jours passent, les classes sont intenables. Je me demande combien de temps je pourrai tenir moralement face à ces monstres.

Malgré tout, j'aime bien me rendre au collège. L'ambiance en salle des profs est exceptionnelle et tout le monde se soutient face aux élèves pénibles.

En parlant d'élèves, je dois enseigner à une classe de 3e professionnelle, quasiment exclusivement composée de garçons. Étrangement, cela ne se passe pas si mal avec eux. Au bout de quelques jours, la collègue qui voulait absolument me marier le jour de la rentrée lance une rumeur, pour s'amuser, auprès de cette classe à moins que ce ne soient ces élèves qui lui aient posé la question… enfin, ce n'est pas très grave. La rumeur lancée est la suivante : le professeur de technologie serait amoureux de la professeure de français.

Plus encore, ils formeraient déjà un couple ! Évidemment, mes relations avec Cédric, le prof de techno, ne sont qu'amicales, et encore, nous ne nous sommes jamais rencontrés en dehors du collège. Mais les élèves y croient dur comme fer !

À chaque cours, ils me disent que Cédric me trouve charmante. Je tente de ne pas prêter attention à leurs propos, mais il m'arrive de rougir, plus déstabilisée par le fait qu'ils cherchent à s'immiscer dans ma vie privée que par le sens de ce qu'ils me disent.

J'apprends rapidement qu'ils jouent au même jeu dans le cours de mon collègue. D'un commun accord, nous décidons, pour nous amuser aussi, de leur tendre un piège. Quand les élèves demanderont à Cédric ce qu'il a prévu de faire ce week-end (il faut savoir que la majorité de la classe est en décrochage scolaire et a besoin d'un rapport un peu différent au professeur qu'une classe normale), il leur expliquera qu'il m'emmène en week-end visiter les châteaux de la Loire. Nous pensions que le piège était trop gros pour qu'ils tombent dedans… nous nous étions trompés ! Lorsque je les récupère en classe le lundi matin, la seule chose qui les intéresse, c'est de savoir comment s'est déroulé mon week-end romantique.

Je dois me retenir pour ne pas me mettre à rire et leur affirme que tout s'est très bien passé mais que je ne souhaite pas m'étendre avec eux sur ma vie privée. Il me faut évidemment quelques minutes avant d'obtenir le calme et pouvoir commencer mon cours dans la bonne humeur.

Ces petites histoires avec les élèves finissent par créer une complicité entre Cédric et moi. Nous nous retrouvons pendant les récréations pour nous moquer de leur crédulité. Fin septembre, il me demande si j'ai réussi à monter mon meuble. Je lui avoue être parvenue à sortir les cartons de ma voiture et à gravir, non sans quelques difficultés, les trois étages avec.

Mais en déballant, je me suis vite rendu compte que, premièrement, je ne possédais pas le matériel adéquat et, secondement, je ne comprenais strictement rien au mode d'emploi, ce dernier m'apparaissant aussi obscur qu'un message crypté franc-maçonnique. Il me propose donc de venir le samedi qui suit pour résoudre le problème en échange d'un verre.

Je lui réponds que j'accepterai volontiers son aide, mais que je lui offrirai davantage qu'un simple verre. Je le convie donc à dîner en ma compagnie. En lançant cette invitation, je n'ai absolument aucune arrière-pensée, sinon celle de passer une soirée sympathique avec un gentil collègue qui pourrait devenir un très bon ami.

Je passe le reste de la semaine à me demander ce que je pourrai bien cuisiner. Le samedi arrive. Cédric devait arriver vers 16 heures mais à 17 heures il n'est toujours pas là. Il m'appelle. Il m'explique qu'il est désolé mais qu'il aura du retard car il a dû aller aider un ami. Il me parle d'une sombre histoire de cheval qui refuse de monter dans un van.

En fait, je ne l'écoute pas vraiment. Tout ce que je retiens, c'est qu'il ne sera pas là avant une bonne heure. Je commence à tourner en rond mais prends sur moi pour éviter de faire une crise avant son arrivée.

La sonnerie de l'interphone retentit vers 18 heures. Il me tend une corbeille en osier remplie de plantes vertes digne du genre de cadeau que j'aurais pu offrir à ma grand-mère. Je le remercie quand même, lui disant qu'il n'aurait pas dû…

Au bout de cinq minutes, il dégaine ses outils et s'attaque au meuble. Pendant qu'il assemble les pièces, je me mets aux fourneaux. Mon petit Tinou paraît quant à lui fort heureux de ce déballage de vis et de polystyrène et s'amuse à cacher des pièces essentielles sous le canapé.

Après deux bonnes heures d'efforts et de griffures, le fameux meuble est enfin monté. Heureusement, car je n'avais plus trop de sujet de conversation et mes préparations culinaires étaient terminées depuis un certain temps. Nous nous mettons à table. Là, pour je ne sais quelle raison étrange, je me mets à évoquer mes problèmes avec la nourriture.

J'explique à Cédric que je viens de retirer une sonde, que j'ai pris une petite dizaine de kilos pendant l'été mais que, maintenant, même si tout n'est pas réglé, ça va mieux. Je lui mens. Je me mens. En fait, j'aimerais tellement croire que je vais mieux. Mais ce n'est pas le cas. En ce moment même, je n'attends qu'une chose. J'attends que ce repas se termine et qu'il reparte chez lui afin que je puisse terminer les restes des plats et me débarrasser de ce que j'aurai avalé. C'est horrible. Je suis horrible ! La soirée suit son cours.

Finalement, nous trouvons de multiples sujets de conversation. Il finit par me dire qu'il doit rentrer chez lui puisqu'il habite loin et qu'il doit se rendre chez sa mère pour l'aider à s'occuper de son élevage de chevaux de bonne heure le lendemain matin.

Je lui fais la bise sur le palier et le remercie pour tout. Après quelques pas dans le couloir, il s'aperçoit qu'il a oublié sa veste. Nous rentrons donc pour la chercher. Nous nous embrassons de nouveau, presque sur les lèvres cette fois. Nous nous regardons, troublés. Puis, gêné, il finit par partir. Je ne le retiens pas.

Mais quelques minutes plus tard, je lui envoie un message sur son téléphone portable pour lui dire que j'ai passé une excellente soirée, que j'espère qu'il ne croisera ni bêtes à poils – chevreuils ou sangliers – ni bêtes à moustaches – gendarmes –, et que je l'embrasse. Il me répond que lui aussi a passé un très bon moment. Puis, comme je me l'étais promis quelques heures plus tôt, me retrouvant seule, je termine mon sauté de porc au curry et passe le début de la nuit au-dessus de la cuvette des toilettes.

De retour au collège le lundi, je n'ai pratiquement pas l'occasion de me retrouver seule avec Cédric pour discuter et la journée file sans que nous ayons eu le temps de nous parler. Il m'a depuis confié qu'il avait cru que je voulais l'éviter et pensais alors que tout était perdu pour lui. Le lendemain matin, alors que je ne travaille pas, je suis quand même réveillée par mon téléphone portable.

Message de Cédric : « Veux-tu toujours venir au ping-pong ce soir ? Si oui, tu peux passer manger une pizza à la maison avant. » Il est à peine sept heures du matin et je ne sais pas comment interpréter ces propos. Veut-il seulement que je vienne jouer avec lui ou souhaite-t-il aller plus loin ? Et que vais-je bien pouvoir faire avant d'aller dîner chez lui ? Toujours est-il que je prépare mes affaires de sport et me rends au collège plus tôt que prévu. Je le croise à la récré et lui dis que j'accepte sa proposition. Il me fait un plan afin que je ne me perde pas en voiture et me déclare que je peux venir dès la fin des cours si je le souhaite.

À 17 heures, n'ayant plus rien à faire au collège, je me rends donc chez lui. Je découvre sa maison avec étonnement, je ne m'imaginais pas qu'il puisse vivre seul dans quelque chose de si grand.

Il s'agit en fait d'une petite maison couplée avec un corps de ferme. Il me fait faire le tour du propriétaire, m'explique les travaux qu'il a réalisés et ceux envisagés dans un futur proche. Comme il faut bien patienter encore un peu avant le dîner, il me montre les photos de la maison avant les travaux, puis celles de ses dernières vacances. J'ai l'impression que ça n'en finira jamais ! Sans trop savoir pourquoi, je glisse ma main sur la sienne avant de l'embrasser. Je ne comprends pas ce qu'il m'arrive. Je ne ressens pourtant pas d'attirance spéciale pour lui. Je me sens juste bien à ses côtés. Pourquoi aller plus loin ? Et si jamais ça ne dure pas entre nous, comment les choses se passeront-elles au collège ? Je ne suis qu'une idiote. Je sais déjà que je vais lui briser le cœur.

À partir de là, nous nous voyons plus souvent en dehors du collège mais je n'arrive pas à éprouver de sentiments plus forts qu'une profonde amitié. Cédric, lui, me dit qu'il m'aime.

Je suis bien incapable de lui répondre la même chose. Je ne veux pas lui mentir sur mes sentiments. J'ai l'impression qu'il s'engage beaucoup plus qu'il ne le devrait, que notre relation sera fugace. Au fond, je ne me suis toujours pas vraiment remise de ma séparation avec Peter à peine six mois plus tôt. Je n'ai pas envie de me lancer dans quelque chose de sérieux.

Vacances de Toussaint. Je rentre dans ma famille une semaine. Mes parents me trouvent en forme. Je réussis à peu près à ne pas faire de crise et à dissimuler mes quelques vomissements. J'en profite pour revoir des amies.

Je leur parle de Cédric, des sept ans qui nous séparent mais de son côté époux idéal. Je suis en plein doute. Je ne me sens pas du tout prête à ouvrir mon cœur. Et puis, il y a la maladie. Lui me croit guérie. Je ne veux pas le décevoir. Je ne veux pas qu'il me quitte en découvrant que je me fais toujours vomir. Plus les jours passent loin de lui, plus je me dis qu'il vaudrait mieux mettre un terme à notre relation avant que cela ne devienne trop pénible, avant que les sentiments soient trop forts de son côté. Mais je sais déjà que je vais le faire souffrir. Je sais déjà que j'ai pris une importance incroyable dans sa vie.

Je regagne ma campagne, morose. Je fais une halte chez lui. Il veut m'embrasser, me serrer dans ses bras. Je reste de marbre. Il n'a pas l'air de comprendre que quelque chose cloche.

Au bout de quelques minutes, je me lance et lui explique que j'ai l'impression que tout va trop vite. Alors que lui serait prêt à ce que je vienne emménager chez lui, de mon côté, je ne sais absolument pas ce que je ressens.

Il reste abasourdi, ne semble pas entendre ce que je lui dis. J'insiste. Il ne peut pas décider de mes sentiments à ma place. S'il se voit déjà marié avec moi et avec des enfants courant dans le jardin, ce n'est pas mon cas. Je veux prendre quelques jours pour réfléchir. Tout est allé trop vite. Il doit me laisser du temps. Je le quitte en le laissant complètement abattu. Rien ne lui avait laissé envisager de telles retrouvailles.

Je parcours la cinquantaine de kilomètres qui me sépare de mon appartement l'esprit dans le vague.

J'ouvre la porte de mon deux pièces, fais un pas, la referme et me mets à pleurer. Je comprends que je viens de faire une énorme bêtise. Une fois de plus, je me retrouve seule. Une fois de plus, la maladie me pousse à me retrouver seule et seule la maladie me permet de combler cette solitude. Je me lance dans une crise interminable.

La nuit passe, j'appelle Cédric. J'ai réfléchi, je ne peux pas tout plaquer comme ça, sur un coup de tête, sans lui laisser une chance.

J'ai conscience également qu'en continuant à ce rythme, je ne tiendrai pas longtemps. Je lui propose qu'on se voie le lendemain ; il accepte.

Nos retrouvailles ne sont pas très chaleureuses, nous sommes chacun sur la défensive. Finalement, après une bonne balade dans la brume automnale, nous nous réconcilions et il me promet de ralentir la cadence. Pour la première fois, je parviens à lui dire que je l'aime.

XXI

« Et si on le force à regarder la lumière elle-même, ses yeux n'en seront-ils pas blessés ? N'en fuira-t-il pas la vue pour retourner aux choses qu'il peut regarder, et ne croira-t-il pas que ces dernières sont réellement plus distinctes que celles qu'on lui montre ? »

(Platon)

Hiver 2008-2009

Les semaines passent ; les vacances de Noël approchent. Comme d'habitude, je redoute particulièrement cette période durant laquelle l'unique préoccupation commune semble être les menus du réveillon et du jour J. Cédric et moi passerons Noël chacun de notre côté puisque les présentations aux familles n'ont pas encore été faites.

Il viendra me chercher le jour suivant pour partir à la montagne. Ainsi, il en profitera pour faire connaissance avec mes parents.

Ce séjour au ski constitue une nouvelle angoisse pour moi. Comment dissimuler mes vomissements après chaque repas dans un studio de 30 m^2 ? Car voilà, de nouveau, je vomis quasiment chaque repas.

Et Cédric n'en sait évidemment rien ; ni mes parents d'ailleurs. Les crises de boulimie sont également réapparues. Si elles ne sont pas quotidiennes, ce n'est pas loin d'être le cas. Pour l'instant, je parviens à cacher tout ça à Cédric.

Nous ne vivons pas vraiment ensemble. Je passe une ou deux nuits chez lui, regagne mon appartement pour une ou deux journées et ainsi de suite. Évidemment, lorsque je suis seule, j'en profite pour me concocter des repas gargantuesques qui durent des heures et terminent inévitablement dans les sanitaires. Quand nous sommes ensemble, je profite du moment où il s'éclipse pour aller se laver les dents pour me débarrasser de ce que je viens d'avaler dans un sac-poubelle ultrarésistant caché dans le sac qui me sert à apporter mes vêtements.

De cette façon, la chasse d'eau ne peut pas me trahir. Bien sûr, ces stratagèmes sont fatigants mais me permettent de mener une vie « normale » et de sauver les apparences, ou ce qu'il en reste…

Finalement, les vacances se passent plutôt correctement dans la mesure où je pense avoir réussi à ce que personne ou presque ne se doute de rien. Seuls mes frères ont certainement compris que j'ai repris mes mauvaises habitudes.

La rencontre entre Cédric et mes parents s'est déroulée au mieux ; mais, à vrai dire, je ne m'étais fait aucun souci pour cela. Je suis également parvenue à surmonter ma peur du ski alpin et nous avons vécu un début de réveillon du Jour de l'an digne d'une scène des *Bronzés font du ski* ! Pour resituer les choses, vers 17 heures, le 31 décembre, nous décidons de gagner en voiture un village se trouvant à une vingtaine de kilomètres du nôtre, histoire d'occuper un peu la soirée avant notre dîner en tête à tête.

Mais au bout d'une demi-heure de route, la neige se met à tomber de façon très insistante et recouvre bientôt la route sinueuse.

Comme je souffre du mal des transports et que la chaussée devient de plus en plus glissante, nous faisons demi-tour. Arrivés au village précédent le nôtre, complètement nauséeuse, nous nous arrêtons et entrons dans l'unique boutique ouverte.

Il est environ 18 heures et les patrons ouvrent leur première bouteille avec des amis. Gênés, nous nous excusons, leur souhaitons de bonnes fêtes et nous apprêtons à sortir. Là, les gérants nous invitent à entrer et à prendre notre temps. Nous n'osons pas refuser et parcourons rapidement les rayons du magasin.

Alors que nous regagnions la sortie, le patron nous colle à chacun un verre dans les mains et s'exclame : « Vous allez bien trinquer avec nous ! »

Impossible de refuser. Je ne sais plus où me mettre, j'ai envie de disparaître. J'avais déjà des haut-le-cœur à cause de la route en entrant dans l'échoppe mais alors là, je me sens vraiment mal. Ce verre improvisé me fait tourner la tête avant même de l'avoir bu ! Je trempe mes lèvres dans l'alcool tout en tentant de répondre aux questions de nos hôtes et en cherchant le moyen de me débarrasser du liquide discrètement. Je crois bien que c'est Cédric qui finit par boire une bonne moitié de mon breuvage. Nous réussissons enfin à nous sortir de ce traquenard et rions de bon cœur de la situation.

De retour à l'appartement, j'essaie tant bien que mal de vomir les quelques gorgées d'alcool. 2008 se termine par des vomissements, 2009 commencera de la même manière. Je suis perdue. Ma vie n'est que mensonges, mais la vérité est bien trop intolérable pour la supporter.

XXII

« Mais une main nue
Alors est venue
Qui a pris la mienne. »

(ARAGON)

Printemps 2009

Les semaines défilent et les kilos s'enfuient. Cédric me voit fondre à vue d'œil et s'inquiète. Je lui explique qu'il m'arrive encore de me faire vomir mais ne lui avoue pas l'intensité et la fréquence des crises afin de ne pas le paniquer.

Pour les vacances de février, nous partons quelques jours dans le sud de la France. Manque de chance, il fait un temps épouvantable et nous passons la plupart des journées enfermés dans le studio. Je suis à bout de nerfs. La présence permanente de Cédric m'empêche de vomir et de faire des crises.

La situation devient intolérable. Je fais tout pour qu'il s'absente, je le rejette, ne le supporte plus. Non, en fait, ce n'est pas lui que je ne supporte plus, c'est moi, ma façon d'agir. Pour la première fois, il se rend compte de la gravité du problème. Nous nous disputons, je n'accepte pas qu'il voie mes faiblesses ni ma trahison. Le trajet du retour est glacial.

La fin de l'année scolaire est proche et mon état empire. L'idée de conserver le moindre aliment après un repas m'apparaît de nouveau comme insupportable. Les crises se multiplient. Mon poids, faible, demeure cependant assez stable. Le sujet des vomissements est devenu tabou dans mon couple.

Cédric pense que je fais des efforts quand nous mangeons ensemble. Enfin, pensais. Jusqu'au jour où il découvrit le fameux sac rempli de vomissures chez lui. Il ne m'en dit rien sur le coup, mais cela le ronge.

Une nuit, alors que nous sommes dans mon appartement, il ne trouve pas le sommeil. Le lendemain matin, il part tôt pour ses cours.

Sur la table du salon, une lettre est posée. Ce que je redoutais tant est arrivé : Cédric a compris mon manège, il ne peut supporter davantage de me voir me détruire, il ne peut pas vivre avec quelqu'un qui cherche à se tuer à petit feu. Je me sens défaillir et éclate en sanglots.

Tout est fini. Il va me quitter à cause de cette putain de maladie. Une fois de plus, je n'ai pas été capable d'aimer suffisamment quelqu'un pour me passer de ces crises. Il a raison de vouloir partir, je ne vaux rien, je suis un monstre d'égoïsme. Je veux mourir, de toute façon, ma vie n'a aucun sens. J'appelle Cédric mais il ne répond pas.

Il est en cours, son portable est éteint. La rage se mêle à l'accablement. Je suis seule, vide. Puisque tout est perdu, autant que je profite du peu de plaisir que je puisse prendre. Je passe ma journée de repos à faire une crise qui ne cessera que pour partir me ravitailler. Lorsque j'arrête enfin de me torturer, il est très tard. Je m'écroule dans mon lit en pleurant. Cédric n'a répondu à aucun de mes appels. Il m'a abandonnée.

Le lendemain matin, alors que je suis en train de corriger des copies dans la salle des professeurs avant que la cloche ne marque le début des cours, Cédric fait son apparition.

Il salue tout le monde mais ne m'adresse pas le moindre regard. Je l'observe, les larmes me montent aux yeux. Subitement, mon corps refuse de réagir. Je veux bouger mes doigts, parler, mais cela m'est impossible. Tout à coup, je ne réussis plus à respirer et me mets à paniquer. Les collègues présents m'étendent sur une couverture, au sol.

La sonnerie vient de retentir, ils doivent partir prendre en charge leurs classes. Cédric reste avec moi. Comme les secours ne se décident pas à venir, il me porte jusqu'à ma voiture et me conduit rapidement à l'hôpital le plus proche.

Les infirmiers m'allongent sur un lit. Rapidement, on me déshabille afin de me poser des électrodes sur la poitrine pour réaliser un électrocardiogramme.

On me fait des prises de sang. Cédric me serre la main. Pendant des heures, il ne la lâchera pas. Et il m'en fait la promesse, la main qu'il tient dans la sienne – ma main – il ne veut plus jamais la lâcher.

Le résultat des analyses sanguines ne tombe qu'en fin de matinée : hypokaliémie ; pour être plus claire : manque de potassium. Pour être encore plus claire : j'ai eu de la chance, mon cœur aurait très bien pu s'arrêter de battre, et cela, à cause des vomissements répétés jour après jour.

Ce qui devait arriver était arrivé. J'avais failli mourir. Mourir. À cause d'un manque de potassium. À cause de mes conneries. À cause de toutes ces années à vomir. Ce jour-là, je suis vivante. Vivante grâce à Cédric. La vie m'a encore laissé une chance. Je n'ai plus le droit de la manquer.

XXIII

Juin 2009

À partir de ce jour, c'est décidé, tout va changer. Si je ne suis pas morte, une partie de moi s'est effacée. Elle n'est pas totalement morte non plus, sinon, ce serait plus facile.

Plus facile de ne pas penser à me jeter sur la nourriture, de ne pas penser à m'empiffrer et vomir après.

Plus facile de faire un repas « normal » sans avoir ce poids sur l'estomac et envie de tout rejeter ensuite.

Plus facile de faire les courses avec Cédric sans me poser de questions, sans regarder l'étiquette de chaque aliment pour connaître le nombre de calories qu'il comporte. Je sais que les jours qui vont venir vont être les plus durs.

Ceux pendant lesquels je ne devrai pas craquer. Telle une toxicomane en manque, je débute ma période de sevrage et je dois absolument tenir. Heureusement, mon amour est là pour me soutenir. Seule, je n'aurais pas la force de me battre encore. Trois jours. Trois jours sans vomir. Étrangement, ce n'est pas aussi dur que je le pensais. Cédric est là pour m'aider. Alors que je suis cloîtrée à la maison, il rentre tous les midis pour me soutenir face à ces repas que je redoute tant.

Grâce à lui, tout devient simple. Je me pose de moins en moins de questions face à la nourriture. Tout devient plus naturel. Je redeviens plus naturelle, sereine. Le plus difficile, en fait, c'est après le repas. Je me sens lourde, comme si un poids énorme venait s'appuyer sur mon estomac.

Ma gourmandise me pousse à désirer manger encore. Mais ma volonté est plus forte. J'arrête. Je ne vomirai pas. Malgré l'envie. Malgré cette petite voix, de plus en plus faible, mais toujours présente, qui me pousse à le faire. Je ne vomis pas. J'ai gagné.

Je ne remercierai jamais assez Cédric de passer autant de temps à mes côtés pour me soutenir, me parler, m'écouter. Pour être resté auprès de moi, malgré des mois de mensonges. Pour m'avoir sauvé la vie, tout simplement.

J'aurai tenu une semaine ! Une semaine seulement ! Alors que je m'étais juré de ne plus recommencer. Il n'aura fallu que l'espace d'une ou deux heures passées seule pour que je craque et recommence à me gaver puis à vomir. Quel plaisir et en même temps quel sentiment de dégoût envers moi !

Mais le plaisir l'emporte encore. Manger ce que je veux, sans conséquence sur mon poids. Pourtant, je n'ai pas oublié qu'à peine une semaine avant j'étais allongée sur ce lit d'hôpital.

Qu'à peine une semaine avant, une infirmière couvrait ma poitrine d'électrodes afin de vérifier l'état de mon cœur.

Qu'à peine une semaine avant, la même infirmière me posait un cathéter afin de me perfuser du potassium.

Que ce potassium, trop peu dilué, me brûlait littéralement l'intérieur des veines et me fit souffrir comme je n'avais jamais souffert auparavant.

Je m'étais juré de ne plus vomir afin d'être certaine de ne plus jamais avoir à revivre une telle expérience. Je m'étais juré de ne plus jamais vomir pour vivre une vie normale. J'avais surtout juré à Cédric de ne plus jamais me faire vomir.

Et voilà qu'en quelques minutes, je venais de vomir toutes mes promesses. Je venais de vomir et de tirer la chasse sur le peu d'estime de moi que j'avais reconquis en huit jours. De nouveau, je devrais mentir à celui que j'aimais.

De nouveau, je devrais trahir la confiance qu'il plaçait en moi. Et malgré tout ce que mon acte et mes actes à venir allaient engendrer comme déception, je n'avais pas peur et j'étais même soulagée ; soulagée de ne plus me sentir seule face au vide qui me cernait de toutes parts ; soulagée de ne plus avoir à me contrôler toute la journée pour m'empêcher de faire quelque chose qui m'était devenu complètement naturel.

Oui mais voilà, comment faire pour que Cédric ne s'en aperçoive pas ? Depuis une semaine, je vis chez lui à temps complet alors que jusqu'à présent, je passais au moins deux ou trois soirées dans mon appartement.

Comment conserver des aliments sans qu'il ne se doute de rien ? Une fois encore, j'allais devoir faire preuve d'un machiavélisme redoutable pour tromper sa surveillance.

XXIV

Automne 2009 – Hiver 2010

L'été est déjà terminé. Nos vacances sur l'île de Beauté ont été splendides. J'ai parcouru des kilomètres à pied tous les jours sans presque rien avaler le midi. Le soir, je mangeais bien et me faisais vomir ensuite. Cédric ne s'en est pas aperçu. Il pensait tellement que j'allais mieux. Le retour à la réalité a été brutal.

En revenant de Corse, nous nous arrêtons dans le Sud afin de passer quelques jours avec ma famille. Le dernier soir, mes parents nous invitent au restaurant afin de fêter l'anniversaire de ma maman. Je mange bien. Je ne vais pas aux toilettes dans le restaurant pour éviter les soupçons de toute la famille.

J'attends donc d'être chez ma tante. Là-bas, pour ne pas devoir tirer plusieurs fois la chasse et me faire remarquer, je décide de vomir dans le lavabo de la salle de bains. Oui mais voilà, le siphon se bouche. Il y a de la vomissure partout. Je n'ai pas d'autre choix que d'appeler Cédric au secours. Il contemple le désastre, effaré, avant de se mettre à m'aider à nettoyer. Je suis en larmes, j'ai honte de lui avoir menti, honte de devoir lui imposer ce spectacle ignoble qui m'en rappelle un autre, quelques années plus tôt, chez mes parents.

À cette époque, j'avais tant vomi que les sanibroyeurs n'avaient pas résisté. Une marée fétide avait alors recouvert le plancher de la salle de bains.

Ne pouvant m'en sortir seule, honteuse, j'avais dû prévenir mon père qui était entré dans une colère noire à la vue du contenu dégoûtant de mon estomac se répandant sur le sol.

Des années plus tard, je me retrouve donc dans la même situation épouvantable avec Cédric. Je tente de lui fournir une explication mais il ne veut rien entendre, il reste froid, silencieux.

Nous ne fermons pas l'œil de la nuit. Le lendemain, sur le trajet du retour, nous ne parvenons quasiment pas à nous adresser la parole. J'ai peur qu'il me quitte.

J'ai peur qu'il ne supporte pas mes mensonges une fois encore. Ce soir-là, arrivés dans ma ville natale, nous décidons d'aller faire un tour à pied histoire de nous dégourdir un peu les jambes après les longues heures de route.

Nous nous asseyons dans l'herbe, au clair de lune et discutons longuement. Ou plutôt, Cédric me parle longtemps. Il me dit à quel point il est déçu. Il m'explique une fois encore la peur qu'il a ressentie à peine deux mois plus tôt lorsqu'il m'a emmenée à l'hôpital.

Il pensait que c'était terminé, que je ne me faisais plus vomir depuis ce jour-là. Je suis bien obligée de lui avouer que je me fais de nouveau vomir depuis plusieurs semaines, que je lui mens depuis tout ce temps. De nouveau, il replonge dans un profond mutisme. Le lendemain, il repart chez lui. Je décide de rester quelques jours, seule, dans la maison de mes parents. Officiellement pour avoir un peu de temps pour voir mes amies ; officieusement, pour faire des crises tranquillement.

Après avoir fait quelques courses, je passe la première journée à manger et vomir. Le soir, je suis complètement épuisée, je ne tiens presque plus debout. J'ai du mal à dormir. J'ai peur de faire un malaise. En me levant, le lendemain, je recommence comme la veille.

Mais je sens que je n'en peux plus, que mon corps ne supporte plus de se remplir et de se vider sans cesse. J'appelle Cédric. Je lui explique ce qu'il en est, lui dit que je veux rentrer au plus vite.

Je rassemble mes affaires, fais le ménage et m'enfuis quelques heures plus tard. J'ai peur de moi, j'ai peur de ce que je suis capable de me faire subir. Je ne veux plus rester seule face à moi-même. Seule face à mon double meurtrier.

Nous nous retrouvons avec Cédric. À partir de ce jour, je lui fais la promesse de lui avouer toutes mes crises.

À partir de ce jour, nous ne passerons plus la maladie sous silence. Nous en parlerons tant qu'il faudra ; je ne devrai plus avoir peur d'exprimer ce que je ressens. Il me pousse à reprendre un suivi psychologique. J'accepte. Pas seulement pour lui. Pour moi aussi. Une fois encore, il a su me sauver de moi-même.

Cet été mouvementé est donc terminé. Cette année, je jongle entre deux collèges, mon appartement et la maison de Cédric.

Je fais des crises lorsque je suis seule dans mon logement et essaie de les éviter au maximum en présence de Cédric. J'ai encore du mal à lui avouer mes actes ; mais de toute façon, il n'est plus dupe. Il sait très bien à quoi je passe mes soirées lorsque l'on n'est pas ensemble.

Depuis quelque temps, je vais voir une psychologue. Je suis contente car le courant passe bien. Je commence enfin à laisser échapper toutes les émotions que je cherchais à contenir et qui me rongeaient de l'intérieur. Les séances me font beaucoup de bien même si j'en ressors bien souvent secouée.

Nous en profitons pour encore discuter ensuite avec Cédric. L'année s'écoule assez rapidement. En février, je quitte mon appartement pour emménager définitivement chez Cédric. Voilà déjà un an et demi que nous sommes ensemble et les difficultés que nous avons traversées ont été si intenses que je vois mal ce qui pourrait nous séparer.

J'appréhende quand même cette installation. Jusqu'à présent, je possédais encore mon espace de liberté. Je savais que je pouvais décider de passer une ou plusieurs soirées seule, faire des crises, sans avoir à me cacher. À partir de maintenant, je ne pourrai plus le faire ou alors, plus difficilement.

À peine ai-je emménagé que j'attends avec impatience les soirs où mon amoureux part jouer au tennis de table. Dès que la voiture démarre, je me précipite pour faire chauffer de l'eau et cuire des pâtes. Je me prépare des sandwichs pour manger en attendant. Je ne dispose que de deux petites heures.

Il me faut faire vite. Me remplir, me vider et nettoyer toutes les traces. Je n'avoue jamais rien à Cédric le soir même mais le lui dis le lendemain.

Cette mascarade se déroulera de la même manière pendant encore deux ans, à chaque fois que je serai obligée de rester seule. Pire, les soirs où il annulait une sortie prévue je bouillais intérieurement.

J'étais complètement angoissée à l'idée de ne pas pouvoir passer la soirée à me purger après avoir fait bombance. Je faisais donc tout pour le mettre à la porte de chez lui !

XXV

Automne 2010

Les mois passent et mon état psychique et physiologique s'aggrave. J'ai enfin obtenu un poste fixe mais le collège est à plus de 40 kilomètres de chez moi dont plus de la moitié traversant la forêt sur des routes où deux voitures peuvent à peine se croiser. Les jours s'enchaînent et je suis de plus en plus fatiguée. Les crises augmentent.

Elles sont de nouveau journalières. Je ne songe qu'à ça toute la journée. Même mes élèves, aussi charmants soient-ils, ne parviennent pas à me faire penser à autre chose. Chaque jour, après avoir terminé les cours, j'avale un ou deux paquets de gâteaux sur la route et je me fais vomir dans les bois quelques kilomètres avant la maison.

Comme je ne travaille pas le mercredi matin, je profite de l'absence de Cédric pour encore faire des crises. Mon esprit ne tourne plus qu'autour de ça. Mes grandes questions sont : « Quand vais-je trouver un moment pour aller faire des courses ? Où vais-je cacher la nourriture achetée ? Quelle route dois-je prendre pour trouver une poubelle afin d'y jeter mes sacs remplis de vomi ? » De nouveau, je ne dors plus. Me rendre au travail devient un véritable calvaire. Tenir toute la journée éveillée, être assez forte pour ne rien laisser paraître de ma fatigue et de mon mal-être face aux élèves, monter les escaliers même… toutes les tâches du quotidien deviennent de plus en plus difficiles. Mon corps tombe en ruine.

Je tiens à peine debout. Je suis si fatiguée que j'ai peur de prendre ma voiture pour parcourir tous ces kilomètres. Plusieurs fois, Cédric est obligé de me conduire et de revenir me chercher. Je ne peux plus continuer comme ça. Cédric ne peut plus non plus supporter de me voir m'étioler de la sorte…

Un matin de novembre, alors que les vacances viennent de se terminer, trop épuisée pour me rendre au collège, je craque et fonds en larmes. Je n'en peux plus, je ne pourrai pas affronter une nouvelle journée. Je prends rendez-vous chez le médecin.

Depuis quelques jours, je fais des recherches afin de trouver un établissement qui me permettrait de me soigner une fois pour toutes. J'en parle au docteur.

Il me dit que c'est une sage décision et me parle d'une clinique privée.

Je suis d'accord pour qu'il envoie un courrier. Le jour même, après être allée faire un tour sur le site internet de la clinique et en avoir discuté longuement avec Cédric, je me décide à contacter l'établissement. Une secrétaire m'explique les démarches à réaliser et m'informe que je devrais pouvoir bénéficier d'une place d'ici une dizaine de jours. Je suis à la fois soulagée et angoissée : va-t-on de nouveau vouloir me gaver comme une oie ? Combien de temps devrais-je partir de la maison ? Combien de temps devrais-je quitter Cédric et m'absenter du collège ? Comment expliquer à mon chef d'établissement, à mes collègues, aux élèves les raisons de mon absence pendant une période encore indéterminée ? Toutes ces questions et bien d'autres se bousculent dans ma tête. Il m'est impossible de trouver le sommeil.

Pourtant, je refuse que le médecin m'arrête de nouveau. Je continue à me rendre au travail, presque comme si de rien n'était. J'apprends le lendemain que je pourrai intégrer la clinique en fin de semaine suivante. Je préviens donc mon chef afin qu'il puisse me trouver un remplaçant puisque mon absence sera supérieure à quinze jours.

Je lui expose rapidement la situation. Il se montre compréhensif et me dit de prendre soin de ma santé avant tout. J'informe aussi quelques collègues, dont je suis proche, des raisons de mon absence prochaine. Elles sont toutes assez étonnées. Bien sûr, elles voyaient bien que je n'étais pas épaisse, mais elles ne se doutaient pas que la situation était aussi critique.

Le week-end précédant mon admission à la clinique, nous nous rendons à un concert avec un ami. La soirée se passe merveilleusement bien. Je profite de chaque seconde de cette liberté à laquelle je ne pourrai plus goûter dans quelques jours.

Après le spectacle, nous allons dormir et passer le reste du week-end chez mes parents. Il faudra que je leur révèle ma décision de me faire hospitaliser.

Je sais à l'avance que cela ne sera pas facile à entendre pour eux qui pensaient que les choses allaient mieux. Je décide de leur annoncer la nouvelle le lendemain matin, au petit déjeuner.

Ma mère ne comprend pas vraiment au début. Elle fond en larmes et se rejette la faute de la maladie. Elle n'arrête pas de demander ce qu'elle a bien pu faire pour mériter ça. Mériter quoi ? Ce n'est pas elle qui est malade après tout. Et je ne fais pas exprès d'être malade pour la torturer ! Mon père et Cédric parviennent à la calmer.

Cédric explique calmement à mes parents les raisons de mon choix. Quant à moi, je leur avoue que je n'en peux plus, que je dois agir, que je ne sais pas si je serai guérie en quittant l'établissement, que je ne le pense pas, mais qu'il faut que je m'accorde une pause, un moment pour me sortir de mon enfer quotidien afin de réfléchir au problème, afin de repartir, au moins pour quelque temps, sur des bases plus saines.

XXVI

« Et le Temps m'engloutit minute par minute,
Comme la neige immense un corps pris de roideur. »

(Baudelaire)

Novembre-décembre 2010

Le jour J est arrivé. J'ai travaillé jusqu'à la veille au soir. Le matin, avant de partir, mon chef m'a contactée pour me prévenir qu'une remplaçante viendrait le lendemain et que je n'avais donc plus à me faire de souci pour cela.

J'essaie d'avaler un petit quelque chose avant de prendre le départ mais ça ne passe pas. Cédric charge mes bagages dans la voiture, puis nous partons. Deux bonnes heures de route nous séparent de la clinique.

Nous arrivons en début d'après-midi et patientons une heure avant d'attaquer les formalités administratives. Nouvelle attente. J'en profite pour confier à Cédric une boîte de comprimés d'aide-transit. Je prends ces pilules quotidiennement en grand nombre depuis des années à chaque repas lorsque je sais que je ne vais pas pouvoir vomir.

Je sais pertinemment que c'est idiot, mais ça me rassure. Le fait de ne plus en consommer alors que je vais devoir manger bien plus qu'habituellement me rend nerveuse. Il s'agit d'une drogue pour moi. Mais je veux jouer le jeu jusqu'au bout. Pas de dissimulation ici.

Pas de vomissements. Pas de subterfuges. Le médecin de garde m'appelle pour la visite d'entrée. Il me pose quelques questions avant de me prescrire un neuroleptique très faiblement dosé. Il m'explique que la molécule possède des effets anti-vomitifs. Je devrai le prendre une heure avant les repas. Il m'aidera également à me calmer sans m'assommer.

Puis, de nouveau, attente pour l'attribution de la chambre. Les infirmières vérifient mes affaires. Elles me confisquent mon parfum, mon coupe-ongles, un rasoir et un flacon de dissolvant.

Si j'en ai besoin, je devrai aller les réclamer au bureau central et les rapporter après utilisation. Ces mesures sont prises afin d'éviter au maximum les tentatives de suicide. Je reste avec Cédric une petite demi-heure avant qu'il ne reparte.

Son départ est difficile à supporter, je demeure quelques instants derrière la porte de l'entrée à regarder dans le vide. Je me rends ensuite au bureau des infirmières pour chercher mon traitement. J'appréhende quand même un peu de devenir un zombie, à l'image de la plupart des patients de l'établissement. Quelques minutes plus tard, j'appelle ma meilleure amie et mes parents pour leur donner de mes nouvelles. L'heure du repas est arrivée. Au menu : soupe, ratatouille, omelette aux champignons, emmental, raisin. Je ne prends ni soupe ni omelette. Je n'ai pas l'impression d'avoir beaucoup mangé mais mon estomac est trop lourd. Je vomis une bonne partie du repas. La soirée est longue. J'ai froid, sommeil et un peu faim. J'attends 22 heures pour boire une tisane avant de me coucher.

1er jour

Nuit correcte.

Prise de tension au réveil : 12.7.

Pesée habillée : 40 kilos.

Petit déjeuner : une tasse de thé, deux biscottes, un peu de beurre et de confiture.

Formalités administratives.

Lecture.

Visite du médecin. Sommaire. Aucune allusion directe à mon problème.

11 heures : prise du traitement.

Déjeuner : mâche-tomates-sardines, blancs de poulet, endives braisées, yaourt, banane. J'avale un peu de salade, les trois quarts de ma viande, deux bonnes cuillères d'endives, 90 % de mon yaourt et deux morceaux de pain.

Moral en berne.

Sieste.

Ergothérapie : réalisation d'une peinture sur verre pendant une heure environ.

La neige est tombée une bonne partie de la journée et un lourd manteau blanc recouvre désormais la pelouse.

Mélancolie.

Coup de fil à mes parents.

Visite de l'infirmière. Discussion.

Ordinateur. Télévision.

18 heures : dîner : soupe, riz, haricots plats, trois quenelles, camembert, pain, poire. Je mange presque tout. Comme la veille, estomac très douloureux.

Vomissements compliqués. Peut-être les effets du traitement.

Coup de fil à mon frère, qui avait tenté de me joindre plus tôt. Je suis heureuse de lui parler ; ça fait si longtemps !

Énorme coup de blues. J'appelle Cédric et lui explique le problème. Je craque, j'ai déjà envie de rentrer à la maison. Il me dit d'aller voir une infirmière pour parler un peu. Je me décide à suivre ses conseils. Je fonds en larmes une nouvelle fois. L'infirmière parvient à me calmer, je tente de lui expliquer ce qui ne va pas, que le fait d'avoir des quantités si importantes dans mon assiette me fait peur, que je n'ai pas l'habitude de manger si vite… Elle me rassure, me dit qu'on ne me forcera pas à tout avaler, que je peux garder mon fruit pour plus tard malgré l'interdiction d'emporter des aliments hors du réfectoire… ça me fait du bien d'entendre ce genre de choses. Et puis elle me demande si j'ai fait connaissance avec d'autres patients. Je lui réponds que non et elle m'emmène vers un groupe de jeunes avec lesquels je vais finir par passer le reste de la soirée. C'est plaisant de pouvoir discuter un peu de tout et de rien après être restée quasiment toute la journée sans parler. Je prends ma tisane et pars me coucher avec un moral meilleur.

2e jour

Très bonne nuit.

Bon petit déjeuner.

Changement de chambre. On me fait passer d'une chambre simple à une double. Il me faudra prendre contact avec ma mutuelle pour obtenir une meilleure prise en charge et regagner une chambre simple.

Attente du transfert dans la nouvelle pièce avec toutes mes affaires dans le hall.

Fin de matinée, visite du psychiatre. Catastrophique ! Il me dispute pour les vomissements de la veille comme si j'étais une gosse.

Arrivée dans la nouvelle chambre et découverte de ma voisine : la plus jeune fille de la clinique, manifestement plus préoccupée par son maquillage et son brushing que par la raison de sa présence ici.

Déjeuner : salade de pommes de terre-cervelas (je n'y touche presque pas), dos de colin, gratin de poireau et polenta, deux morceaux de pain et tarte aux abricots.

Estomac lourd.

Lecture.

Piscine – Jacuzzi – Sauna. Je me détends vraiment, je ressens une bonne fatigue, saine…

Retour à ma chambre. Grosse surprise : mon CHÉRI !!! Je me retiens de ne pas lui sauter au cou. Je ne sais pas si je lui ai montré à quel point je suis heureuse de le voir mais vraiment je le suis au plus profond de moi ! Les deux petites heures de visite passent bien trop vite à mon goût. Je le laisse partir sans tristesse.

Dîner : soupe, steak, haricots, petits pois, riz, pain, clémentines.

Deux séries de 240 abdos.

3e jour

Nuit étrange. Beaucoup de temps avant de m'endormir.

Petit déjeuner normal.

Mal au ventre.

Visite éclair du psychiatre. Prise d'un rendez-vous avec la psychologue, inscription à la thérapie de groupe sur l'estime de soi.

Déjeuner : mélange de choux blanc et rouge, bœuf carottes et quinoa, fromage, pain, orange. Je mange environ un tiers de l'entrée, tout mon bœuf carottes mais seulement une toute petite portion de quinoa qui est trop cuit, le fromage (insipide) et le pain. Je conserve l'orange pour le soir.

Une série de 240 abdos.

Repos.

Match de ping-pong.

Attente.

Piscine – Jacuzzi – Sauna.

Lecture.

Dîner : salade endive-emmental, pâtes à la carbonara, yaourt, pomme. Je manque de m'étrangler quand je vois que l'aide-soignante s'est trompée d'assiette et que mon voisin, arrivé plus tard, a reçu la mienne qui était beaucoup moins copieuse.

Deux séries de 240 abdos.

4e jour

Nuit courte.

Petit déjeuner.

Préparation de cours.

Piscine.

Déjeuner : terrine salade, poulet-gratin dauphinois-céleri, financier-crème anglaise. Je mange la salade, 80 % de mon poulet, le céleri, la moitié du gratin et le financier, avec un peu de crème qui n'a pas trop de goût.

Ping-pong.

Repos.

Visite de Cédric. Nous partons faire le tour de la clinique. Ça fait du bien de prendre l'air ! Nous discutons de choses et d'autres. Ensuite, des amis arrivent. Je suis heureuse de voir des têtes connues mais en même temps troublée que nous soyons obligés de nous rencontrer dans un tel lieu.

Visite du psychiatre. Temps estimé : 30 secondes.

18 h 30. Cédric et mes amis doivent partir. C'est dur de le quitter, j'ai tellement envie de le serrer encore dans mes bras !

Dîner : jambon, haricots verts, riz, salade, fromage.

Soirée télé.

Appel de Cédric. Il est bien rentré.

5e jour

Nuit très courte.

Petit déjeuner.

Il a beaucoup neigé cette nuit, au moins quinze centimètres recouvrent la nature alentour.

Visite du psychiatre. Temps estimé : 10 minutes. Un record ! J'ai vraiment l'impression que non seulement ce type ne comprend rien, mais qu'en plus il n'a strictement rien à faire de mon cas !

Déjeuner : carottes râpées-vinaigrette, sauté de porc, petits pois, pommes de terre, fromage, orange.

Deux séries de 240 abdos.

Piscine.

Coup de fil à mes parents.

Dîner : soupe, gratin de poisson, légumes divers, riz, petits suisses, pomme.

Deux séries de 240 abdos.
Télé.

6e jour

Très bonne nuit.

Pesée. 40 kilos. Choc. Je n'ai pas pris un gramme en bientôt une semaine.

Moral au plus bas.

Petit déjeuner. Boule dans l'estomac.

Visite chez le médecin généraliste bien plus affable que le psychiatre censé me suivre.

Discussion avec une élève infirmière qui m'explique que je ne peux pas reprendre du poids du jour au lendemain et que je ne dois pas m'affoler.

Déjeuner : salade composée, cuisse de pintade, aubergines, pâtes, mousse au chocolat. J'avale tout.

Mal au ventre.

Nouvelle discussion avec une élève infirmière.

Deux séries de 240 abdos.

Rendez-vous avec la psychologue. Elle m'apprend qu'elle n'est pas une spécialiste de la maladie et que je suis son premier cas. Je m'en étais doutée vu son jeune âge. Elle me pose des questions qui m'amènent à retracer l'évolution et la chronologie de la maladie. L'entretien dure environ trois quarts d'heure.

Piscine.

Attente.

Ennui.

Dîner : soupe, chou farci, riz, fromage, clémentine.

Coup de fil à Cédric. J'espère qu'il ne neigera pas le lendemain pour qu'il puisse venir.

7e jour

Très bonne nuit.

Petit déjeuner.

Appel à la mutuelle. Le dossier n'a pas été transmis à la bonne personne. Je devrai donc encore attendre avant de pouvoir changer de chambre.

Visite du psychiatre. Temps estimé : 2 minutes.

Attente.

Déjeuner : salade de tomate-feta, confit d'agneau sauce menthe-citron, flageolets, quelques légumes, roulé aux framboises.

Deux séries de 240 abdos.

Attente.

Arrivée de Cédric. J'ai envie de lui sauter dans les bras mais je me retiens. On discute beaucoup, on fait un tour dehors dans la neige. Comme le temps passe vite en sa présence ! Il doit déjà repartir.

Dîner : soupe, omelette, légumes, pâtes, yaourt, poire.

Télé.

Une semaine est passée. Les jours se suivent et se ressemblent. Je trouve le temps très long et m'ennuie profondément. Pour l'instant, le seul point positif est que j'arrive à manger sans me faire vomir après. Et je ne fais plus de crise de boulimie.

Je suis contente de ce progrès tout en sachant pertinemment que cet équilibre reste précaire. Dans la clinique, je ne suis pas tentée par quoi que ce soit. Dès que je serai de retour chez moi, confrontée aux lieux dans lesquels je me suis tant livrée à mes vices, ce sera bien plus compliqué.

Les quinze jours qui suivront se dérouleront de façon quasiment identique aux sept premiers. À l'exception des menus, rien ne change dans le déroulement des journées. Je passe la plupart du temps à attendre le repas suivant, le jour suivant, la date de sortie.

Les premiers jours, ma grande occupation consistait à m'installer dans le hall et à observer les autres patients. Je m'amusais à deviner la pathologie de chacun. Le jeu n'était pas très compliqué en réalité car en dehors d'un ou deux cas de psychoses, le centre renfermait essentiellement des dépressifs et des alcoolo-dépendants.

Au fur et à mesure de mes observations, je parvenais à estimer les dates d'entrée et de sortie des malades. Pour ce faire, rien de plus simple. Si la personne avait l'air complètement amorphe, semblait coupée d'elle-même, le regard vitreux, comme si son cerveau avait été vidé de sa substance, cela signifiait qu'elle venait d'arriver, ces symptômes résultant de la forte dose de médicaments distribuée au début du séjour. J'ai, pour ma part, eu l'extrême chance d'éviter ce traitement de choc.

De la même manière, si les gens paraissaient vifs, voire un peu nerveux, cela voulait dire que leur départ approchait et que leur traitement avait été fortement diminué en prévision.

Bien évidemment, après avoir occupé la majeure partie de mon temps à ce divertissement durant les premiers jours, il ne me restait plus grand-chose à faire par la suite. Et comme lire m'était presque impossible en raison d'une incapacité à rester concentrée plus de dix minutes, le temps me parut à partir de là vraiment très long !

Je ne retrace, dès lors, que les quelques éléments notables des quinze jours suivants.

9e jour

Visite du psychiatre. Difficile. Il me demande quel poids je voudrais atteindre, me traite de menteuse quand j'évoque l'objectif de 48 kilos d'ici quelques mois avant de me dire que si je ne lui mens pas, je souffre de dissociation mentale, ce qui est plus grave selon lui. Comme je ne sais pas de quoi il s'agit, je suis persuadée qu'il me prend pour une folle.

Du coup, ça me fout le cafard. Je suis au bord des larmes pendant une heure. Un appel à Cédric et une longue discussion avec une infirmière n'y feront rien, je reste inconsolable. Et s'il avait raison au fond, si je ne souhaitais pas réellement prendre du poids ?

11e jour

Rencontre avec le psychiatre de garde le week-end. Rien à voir avec l'autre. Il est plutôt rassurant et me félicite pour mes progrès. Il pense que je pourrai sortir avant les fêtes de Noël si je parviens à prendre un peu de poids. Je suis vraiment soulagée et espère que son collègue imbuvable partagera le même avis le lendemain. Un seul vrai entretien avec lui m'aura été bien plus bénéfique que les visites à la chaîne de l'autre praticien.

Le rendez-vous du matin m'a mise de bonne humeur, j'ai envie de prendre soin de moi, de me maquiller, de me faire belle. Je contemple la maigre garde-robe dont je dispose. J'ai apporté les mêmes pantalons que je porte depuis des années.

Non parce qu'ils sont vraiment à ma taille – je dois mettre une ceinture – mais parce que je n'ose plus faire les magasins. À chaque fois que j'essaie un vêtement neuf, je me rends compte de ma maigreur car rien ne me va et c'est la déprime assurée.

Du coup, je préfère ne plus rien m'acheter. Pour me motiver, je me dis que le jour où j'aurai de nouveau retrouvé un poids acceptable, je pourrai m'offrir de jolis vêtements neufs et à ma taille.

12e jour

Nuit épouvantable.

Visite du psychiatre.

Rendez-vous avec la psychologue.

Bilan de la journée : je dois travailler sur mon rapport à la solitude et à l'ennui et aux moyens que je pourrais mettre en place pour y faire face.

13e jour

Pesée : 40,5 kilos. J'ai pris 500 grammes. Je suis heureuse d'être sur la pente ascendante même si je pensais avoir pris plus que ça. Mais c'est un début.

Appel à mon chéri. Sans trop savoir pourquoi, je craque. Il me manque, j'ai mal au ventre parce que j'ai trop mangé, j'en ai marre d'être là. Rien ne va. Il veut me rassurer mais je m'énerve contre lui et je n'aime pas ça. Je raccroche. Je n'en peux plus. J'ai l'impression d'étouffer.

14e jour

Deux semaines. Toujours pas de perspective de sortie. Cafard. Angoisse de rester pour Noël.

15e jour

Retour dans une chambre simple.

Je commence à prendre de nouveau plaisir à manger et redécouvre des saveurs oubliées.

Je savoure chaque bouchée de chaque aliment comme si c'était la première fois que j'en mangeais.

16e jour

J'ai pris mon courage à deux mains et ai demandé au médecin quand je pourrais quitter les lieux. Date de sortie prévue d'ici une semaine.

Je suis à la fois soulagée et folle de joie ! Je ne peux pas le garder pour moi. J'appelle ma famille pour annoncer la bonne nouvelle.

17e jour

Il n'est pas pensable d'imaginer à quel point le temps peut s'écouler lentement durant une matinée de week-end. Cela laisse présager le pire pour l'après-midi qui va suivre.

J'en suis réduite à coucher mon ennui sur le papier afin de faire passer quelques poignées de secondes.

18e jour

Installation d'un grand anorexique à ma table. Je ne supporte pas. J'ai l'impression de me revoir, sept ans auparavant. Je me sens vraiment très mal et ne peux poursuivre mon repas en face de ce garçon qui m'évoque de si mauvais souvenirs.

20e jour

Pesée : 40,5 kilos. Toujours.

Visite du psychiatre. Temps estimé : 2 minutes. Je dois apprendre à m'ennuyer. M'ennuyer, je ne fais que cela depuis bientôt trois semaines !

Voilà qui récapitule ces trois semaines en clinique.

En dehors de l'ennui, j'ai ressenti un profond désarroi mêlé d'une colère intense vis-à-vis du psychiatre qui me « suivait ». Je mets le dernier mot entre guillemets puisque le plus long entretien que nous ayons eu n'a jamais dépassé les dix minutes. J'ai rarement rencontré un individu à l'attitude plus froide et méprisante. Jamais il ne m'a serré la main. Jamais ou presque il ne m'a dit bonjour en rentrant dans ma chambre.

Au bout de trois semaines, il ne connaissait ni mon nom ni mon prénom. Ses patients ne semblaient être pour lui que des numéros et son travail consistait à en traiter le plus possible en un minimum de temps. Lorsque, à mon retour, j'ai reçu la facture détaillée de la clinique où étaient notés les honoraires de ce docteur, j'ai failli défaillir avant d'avoir envie d'appeler les services de la Sécurité sociale afin que quelqu'un aille vérifier le bien-fondé de tels frais pour cette prestation ! Car même s'il s'agissait du tarif de base, je trouvais scandaleux de l'appliquer pour des consultations ne dépassant pas les dix minutes pour la plus longue et pas plus de cinq minutes en moyenne !

En dehors de ça, à part me culpabiliser et m'infantiliser, cet homme ne m'a pas été très utile. Ou peut-être était-ce une technique particulière pour que j'aie envie de me rebeller et me montrer plus forte que ce qu'il ne pensait ? Si tel était le cas, mais j'en doute, ça a marché !

Certains moments ont été, comme je l'ai souligné plus tôt, très difficiles à passer. À trois reprises, mes larmes ont noyé mon regard des heures durant, sans que rien ne soit capable de me calmer.

J'ai déjà évoqué dans le détail mon premier coup de blues, le deuxième soir, alors que je venais encore de me faire vomir et que je ne comprenais pas comment j'allais bien pouvoir stopper ce processus.

Je ne m'attarderai donc pas davantage sur ce point. La deuxième salve de larmes me prend dans la matinée qui suit la troisième pesée.

Au bout de deux semaines, je n'ai pris que 500 petits grammes. Je ne comprends pas. Je mange comme je n'ai jamais mangé depuis mon hospitalisation en 2003. Je ne vomis plus. J'ai l'impression que mon ventre va exploser tant mon estomac est surchargé par rapport à sa taille. Je vis les repas comme un calvaire puisque je n'ai jamais faim.

Je fais tous les efforts possibles pour prendre du poids et je n'en prends pas ! Je craque complètement. Je ne suis qu'incompréhension. Il m'aura fallu discuter avec deux infirmières, Cédric et mes parents pour tenter de me calmer. J'imagine déjà que je vais passer des mois enfermée, que les médecins ne me laisseront pas sortir tant que je n'aurai pas retrouvé un poids correct.

Déjà, les mauvais souvenirs de 2003 refont surface. Je ne veux pas revivre ça. Je sais que si je me force à manger davantage encore, les vomissements reprendront. Je ne peux pas faire plus.

Bien sûr, je finis par me calmer, mais au bout de plusieurs heures passées à pleurer… Le dernier moment difficile a lieu le repas suivant l'installation du garçon anorexique à ma table. Sa présence, au début du repas, ne me dérangea pas plus que ça, même si visuellement déjà j'eus du mal à la supporter. Sa grande maigreur me mettait mal à l'aise. Je savais que j'étais maigre moi-même même si je ne m'en rendais pas compte, mais je certifie qu'à côté de ce garçon, je pouvais presque sembler épaisse. Et, effectivement, renseignements pris, il m'apprit qu'il pesait à peine 40 kilos pour 1,80 m…

Mais comme je l'ai dit, ce n'était pas encore trop cet aspect de sa personne qui me gêna. Le plus dur à supporter fut d'être condamnée à contempler son manège infernal durant le repas. Après avoir avalé son entrée en moins de trente secondes, il engloutit tous les morceaux de pain sur la table et vida trois verres d'eau. À peine avais-je eu le temps d'attaquer le plat de résistance qu'il avait déjà terminé le sien et qu'il se levait pour chercher des restes.

Il fit ensuite le tour du restaurant pour demander si quelqu'un avait du rab' pour lui. Les infirmières l'obligèrent à se rasseoir. Il continua ainsi tout le repas, vidant en même temps deux pichets d'eau.

De mon côté, je savais pertinemment ce qu'il allait faire ensuite. J'éprouvai toutes les difficultés du monde à terminer mon repas dans de telles conditions. C'est comme si j'avais été mise en face de moi-même quelques années plus tôt. Je savais qu'il allait partir se faire vomir. Je savais que cet état quasi second n'était pas près de s'estomper.

En sortant de table, je ne pus contenir mes larmes. Un sentiment de rage intense s'empara de moi, de la rage envers ce garçon, ou plutôt contre la maladie qui contrôlait totalement ce garçon et qui me contrôlait encore. Je savais que je n'en étais plus à ce point, que le travail sur moi réalisé durant sept ans m'avait permis de m'éloigner de ce genre de comportement, de prendre de la distance par rapport à la maladie. Je me revoyais, sept ans plus tôt, me lever sans cesse lors des repas familiaux, trouvant inexorablement des excuses pour manger le moins possible, découpant ma viande en de minuscules morceaux et en faisant un tas sur un bord de l'assiette, préparant le repas sans laisser ma mère entrer dans la cuisine, rajoutant du gras dans les plats que mangeraient les autres et auxquels je ne toucherais pas, forçant mes frères à manger plus qu'ils ne le voulaient. Ce garçon me renvoyait, tel un miroir grossissant, nez à nez avec ces vieux et terribles souvenirs.

Face à cette Léa prisonnière, marionnette impuissante d'une maladie qui la manipulait tout entière. J'en voulais à cette maladie. Je lui en voulais d'avoir détruit une partie de ma vie et d'en faire de même avec d'autres. Ce midi-là, ce n'est pas tant le plat absorbé que j'eus du mal à digérer mais le fait d'avoir été obligée de regarder en face l'état d'aliénation dans lequel j'avais vécu sept ans plus tôt et dans lequel je vivais encore d'une certaine façon.

Deux jours plus tard, pour la sortie, je pesais 41,5 kilos. Cédric est venu me chercher et j'ai rencontré une dernière fois celui qui m'a servi de médecin pendant trois semaines. Il ne connaissait toujours pas mon nom ! J'étais si heureuse de m'en aller.

Je ne supportais plus ces journées trop longues durant lesquelles le seul moment important était le repas. Je quitte donc la clinique. Le midi, nous nous arrêtons dans une cafétéria. Cédric est heureux de me voir manger avec bon appétit et je suis contente de pouvoir mettre en pratique à l'extérieur ce que j'ai réalisé pendant trois semaines dans le centre.

Sur le chemin, nous nous arrêtons au collège pour que je récupère des copies à corriger que la remplaçante m'a laissées.

À mon arrivée, les élèves me sautent au cou. J'en ai les larmes aux yeux ! Une surveillante me donne des lettres que certains avaient écrites pour moi en mon absence. Tous ces témoignages d'affection me bouleversent.

XXVII

« On vivait comme le plongeur sous sa cloche de verre, dans ce noir océan de silence, mais un plongeur qui pressent déjà que la corde qui le reliait au monde s'est rompue et qu'on ne le remontera jamais de ces profondeurs muettes. »

(Zweig)

Février-printemps 2011

Six semaines. J'aurai tenu six semaines et pris un kilo avant de recommencer mes conneries. Je suis dans un état psychologique catastrophique.

Mais c'était plus fort que moi. C'était reparti. Au début, seulement les samedis et les mardis soir, lorsque Cédric partait au sport.

Et puis, peu à peu, les mercredis matin avant de recommencer quasiment quotidiennement. Bien sûr, ponctuellement, j'arrivais parfois à ne pas faire de crise pendant une dizaine de jours, me disant que si j'avais été capable de m'en passer pendant neuf semaines, je pouvais arriver à ce résultat à nouveau. Mais je finissais inexorablement par craquer et je me trouvais pitoyable.

Entre-temps, j'avais aussi repris les laxatifs à base de plantes que j'avais abandonnés à mon entrée à la clinique. C'était plus fort que moi, je ne parvenais pas à me faire à l'idée de conserver en moi la nourriture que j'avalais malgré les réclamations de mon corps.

Je me détestais. Je finissais par penser que je ne parviendrais jamais à détruire les murs de la forteresse dans laquelle je m'étais enfermée. Pire, j'avais l'impression qu'à chaque rechute, ceux-ci s'épaississaient davantage.

Une année scolaire s'était encore écoulée et une nouvelle allait recommencer. Et avec les années qui semblaient défiler de plus en plus vite, l'espoir de m'en sortir s'amenuisait.

Tout mon entourage plus ou moins proche paraissait évoluer et moi je stagnais, perdue dans les limbes d'une maladie qui ne voulait pas me quitter.

Un beau jour de fin d'été, je reçus un appel de mon médecin :

« Bonjour, lors d'une réunion hier, j'ai fait la connaissance d'un jeune psychiatre qui va officier au CMP. Il m'a l'air très bien. Je me suis permis de lui exposer votre cas. Il serait d'accord pour vous suivre. Si vous voulez, vous pouvez contacter sa secrétaire et prendre un rendez-vous dès aujourd'hui.

— Bonjour. Je vous remercie, mais je vois déjà la psychologue que vous m'aviez conseillée régulièrement. Je ne suis pas certaine d'avoir envie de changer une fois encore d'interlocuteur.

— Je comprends. Mais je pense vraiment que ce jeune médecin pourrait vous être d'une grande aide.

— Bon, si vous le dites. Je vais essayer. Merci. »

Trois minutes plus tard, le rendez-vous était fixé pour la semaine suivante. Je dois avouer que cet entretien ne m'enchantait guère puisque je devrais, une nouvelle fois, raconter toute ma vie à un parfait inconnu.

Finalement, la séance se déroula plutôt bien. Comme s'il avait lu dans mes pensées, le psychiatre commença par s'excuser de devoir me demander de lui faire un résumé complet de la situation. Après m'avoir écoutée patiemment, il dressa le constat suivant qui me laissa d'abord perplexe :

« Vous n'êtes pas anorexique. »

Sur le moment, je crois lui avoir répondu dans la seconde qu'il avait sans doute raison. Mais, en y repensant, un grand point d'interrogation s'était formé au même moment dans mon esprit.

Voilà des années que je pensais souffrir d'un trouble bien précis et ce type qui me connaissait à peine venait tout remettre en cause. Il m'expliqua que, bien sûr, je présentais absolument tous les symptômes de la maladie mais que ce n'était pas de cela dont je souffrais. Je ne me souviens plus lui avoir demandé de quoi je souffrais alors et ne me rappelle plus vraiment s'il y a fait allusion. Le simple constat énoncé quelques minutes plus tôt avait produit un tel choc dans mon esprit que tout le reste a été occulté.

En sortant de son bureau, je me sentais étrangement bien. Comme si la phrase prononcée avait brisé quelques barreaux de ma prison interne.

XXVIII

« Une puissante force me maintenait enfermée dans cet état d'éveil. Cette force était si puissante que je ne pouvais rien faire pour lui résister, sinon rester éveillée jusqu'au matin. Je restais éveillée dans les ténèbres de la nuit. Je n'arrivais même pas à penser. J'entendais mon réveil égrener les heures, je regardais, immobile, les ténèbres s'approfondir, puis le jour se lever. »

(Murakami)

Janvier 2012

Les crises diminuèrent peu à peu. Non seulement en nombre – je réussissais à n'en faire plus qu'une ou deux par semaine – mais aussi en intensité. Elles duraient beaucoup moins longtemps.

La nourriture me dégoûtait bien plus vite que par le passé et j'éprouvais de moins en moins de plaisir à me gaver. Tous les aspects négatifs de ces actes m'apparaissaient de manière exacerbée tandis que la jouissance que j'en tirais disparaissait peu à peu.

En outre, j'avais l'impression que chaque crise m'épuisait davantage et que mon corps mettait de plus en plus de temps à récupérer. Si je passais deux heures un samedi soir à manger et vomir – cela pouvait durer pendant six heures encore un an auparavant –, j'étais forcée de rester une bonne partie du dimanche allongée, dépossédée des forces nécessaires pour effectuer les gestes du quotidien.

Et puis, une idée, une envie avait germé et poussé en moi depuis quelque temps. Je voulais devenir maman. Je voulais donner la vie.

Et, au fond de moi, j'avais parfaitement conscience que mes tristes habitudes ne seraient pas compatibles avec la maternité.

Les vacances de Noël – que j'appréhende tout particulièrement en raison des nombreux repas en famille – se déroulèrent plutôt bien.

Toutefois, je dormais très mal. La rentrée n'arrangea rien et les insomnies s'intensifièrent à tel point que je me sentais totalement incapable de surmonter une journée de travail et surtout de prendre la route pour me rendre au collège.

C'est ainsi que je fus arrêtée et que les crises s'intensifièrent durant les premiers jours de mon arrêt. Je ne dormais quasiment plus. Mon corps était épuisé mais mon esprit refusait tout repos. Je ne savais plus où j'en étais, j'avais des projets et je mettais tout en œuvre pour ne pas les concrétiser.

C'est comme si une partie de moi était en train de tout faire pour anéantir les efforts de l'autre. Je n'en pouvais plus. Le médecin m'avait prescrit plusieurs traitements pour dormir mais au bout d'une semaine d'arrêt maladie, mon esprit s'obstinait toujours dans son refus de se mettre en veille.

C'est dans ces conditions que j'aboutis à ce fameux 21 janvier. À cette ultime crise à la suite de laquelle j'ai véritablement cru perdre la raison et dont j'ai déjà fait le récit plus haut.

Dix ans squelettique d'une sombre clarté
Affamée d'une violente vitalité
Je pleure, écris pour mieux vivre aimer profiter
Un bout de moi est parti dont je porte deuil
Étrangeté d'ennui qui me servait d'orgueil
Cet enfer détruit me laisse sans fermer l'œil.

(LÉA – JANVIER 2012)

XXIX

« Je suis vide. Je n'ai que gestes, réflexes, habitudes. Je veux me remplir. [...] je connais les termes sous lesquels on range les passions, les émotions mais je ne les éprouve pas. »

(Vian)

Janvier 2012

J'aurais aimé pouvoir mettre un point final à tous mes problèmes de nourriture ce 21 janvier. J'aurais aimé pouvoir affirmer que tout était fini, que j'allais pouvoir enfin vivre normalement. Mais force est de constater que ce n'était pas le cas.

Les premiers jours qui suivirent ce 21 janvier 2012 furent assez pénibles. Je ne dormais toujours pas et dus rester à la maison toute la semaine pour me reposer. Je me retrouvais donc seule une bonne partie du temps, confrontée à mes démons.

Pourtant, j'étais rassurée. Après cette dernière crise, j'avais vidé tous les placards dans lesquels je cachais de la nourriture. J'avais jeté une bonne partie des aliments premier prix que j'étais sûre de ne pas consommer en dehors des crises.

Bien que les placards fussent pleins dans l'ensemble, je savais que je n'irais pas piocher dans les bonnes choses achetées avec Cédric. Le problème était que je tournais en rond. Que faire pour combler tout ce temps dont je disposais ? Depuis des années, je consacrais le moindre temps libre à manger et vomir. Il m'arrivait même souvent de négliger certaines tâches du quotidien pour m'adonner davantage à mon vice.

Là, subitement, je me retrouvais complètement désœuvrée et vide. Je n'avais absolument aucune idée de ce que je pourrais bien faire pour me passer le temps. Regarder la télévision ne m'intéressait pas et moi qui, enfant, dévorais les livres, je me retrouvais dans l'incapacité totale de me plonger dans un roman. Mon esprit n'arrivait pas à se fixer sur quoi que ce soit. Je ne parvenais plus à me concentrer, les mots déambulaient sous mes yeux sans que je puisse leur attribuer de sens.

Je me souvenais de ce que Peter m'avait dit un jour : « Tu n'as aucune passion. Comment vivre sans passion ? » Il avait peut-être raison. Rien ne m'intéressait en dehors de manger. J'étais lamentable.

Le seul point positif était que je ne vomissais plus. Par contre, manger correctement m'était redevenu beaucoup plus difficile. Puisque je n'avais plus rien pour contrebalancer ma prise alimentaire, je craignais de reprendre du poids à une vitesse folle, comme ça avait été le cas à chaque fois que j'avais cessé de vomir. Sauf que les fois précédentes, prendre autant de poids d'un coup ne me dérangeait pas forcément puisque je savais très bien que quelques semaines plus tard, le processus des vomissements reprendrait et que je perdrais donc rapidement les kilos engrangés.

Mais là, je savais que je ne me ferais plus vomir et que le poids que je prendrais, je le conserverais. J'en étais sûre, je ne voulais pour rien au monde me retrouver une fois de plus dans l'état lamentable de ce samedi soir de janvier. Je crois que si cela devait encore m'arriver, je n'y survivrais pas.

Je pense qu'une chose a été déterminante dans l'arrêt des crises. Nous avons un projet avec Cédric. Un beau projet. Nous souhaitons avoir un enfant.

Je crois me sentir prête pour cela. Et je savais, au fond de moi, que je ne pourrais pas donner la vie tout en continuant à me détruire. C'est en prenant conscience de ça que j'ai pu interrompre l'engrenage.

Ma vie reprit peu à peu son cours. Je revis mon médecin traitant le lundi qui suivit la dernière crise pour qu'il prolonge mon arrêt et qu'il trouve un moyen de me faire dormir. J'aurais voulu voir le psychiatre ou, au moins, pouvoir lui parler.

Hélas, il n'était pas disponible. Seul mon médecin réussit à le joindre pour savoir quel traitement pouvait être mis en place afin que je retrouve enfin le sommeil. Aucun des différents traitements qu'ils me proposèrent ne fit effet. Je crois même que plus je prenais de somnifères, plus j'avais peur de m'endormir. Ou plutôt, de ne pas me réveiller.

En plus, j'avais peur de perdre tout contrôle de mes actes. Je stoppai tous ces traitements inefficaces les deux nuits précédant mon retour au travail.

Si je n'avais pas dormi, au moins, m'étais-je reposée. J'étais d'ailleurs pressée de retourner au collège car je ne pouvais supporter plus longtemps de ne rien faire de mes journées. Mes élèves me manquaient. J'avais besoin de me sentir utile.

XXX

Hiver-printemps 2012

Les jours et les semaines s'écoulaient. Je ne refis aucune crise même si j'y pensais en permanence. Toutefois, le projet du bébé commençait à prendre davantage de place dans mon esprit.

À tel point qu'au mois de février, j'arrêtai de prendre la pilule, persuadée de tomber enceinte dans les semaines qui suivaient. Quelle naïveté ! Et bien que médecin et psychiatre m'avaient certifié que je n'avais pas moins de chance que n'importe quelle autre femme de pouvoir entamer une grossesse, tout me laissait penser que ma maigreur pourrait être un frein à ce projet. Mais si les médecins disaient le contraire, ils avaient sans doute raison.

Au bout de quelques mois, je découvris que j'avais eu tort de m'imaginer que mon désir puisse se réaliser rapidement. Mais il ne faut pas que je brûle les étapes.

Durant les vacances d'hiver, nous partîmes une semaine en Turquie avec Cédric. Pour la première fois de ma vie, j'allais prendre l'avion. Je n'étais, certes, pas rassurée à l'idée de m'engouffrer dans l'appareil mais ce dont j'avais bien plus peur, c'était de devoir manger une semaine durant des repas différents de ceux que je me préparais à la maison. Je dois expliquer que, quasiment tous les soirs de l'année, je mange presque la même chose, à savoir quelques bâtonnets de carottes trempés dans du fromage blanc, deux-trois olives, quelques raisins secs, une tranche de jambon (une demi à l'époque !) blanc ou cru, deux-trois cuillères à soupe d'une poêlée de légumes maison, de la salade (sans huile à l'époque), du pain, du fromage, une part de dessert maison, une belle pomme, quelques carrés de chocolat, un ou deux biscuits et une dizaine de noix. Vous me direz que ce n'est pas si mal pour le soir. Certes. Mais il faut comprendre que je ne mangeais quasiment rien le reste de la journée. Bref, le fait de savoir que je n'allais pas manger cela pendant une semaine me perturbait beaucoup.

Dès le troisième soir, je sus que j'avais déjà perdu du poids. Allongée dans le lit de la chambre d'un immense hôtel d'une station balnéaire turque, je caresse les os saillants de mon bassin, partagée entre apaisement et effroi.

Deux nuits déjà sans dormir et la troisième se profile d'une manière identique. Je commence à paniquer. Je sais que je n'arriverai pas à me nourrir correctement d'ici la fin du séjour. Je connais à ce point mon corps qu'en le touchant seulement je sais pertinemment que je suis passée bien en dessous de la barre fatidique des 40 kilos en à peine trois jours. J'appréhende déjà le retour car nous devons passer quelques jours chez mes parents. J'imagine d'avance leur déception et leurs craintes de retrouver leur fille une fois de plus amaigrie. Et j'ai peur, peur que le psychiatre me fasse hospitaliser. Je me sens mal. J'ai froid. Dès que je ferme les yeux, j'imagine ne jamais pouvoir les rouvrir. De nouveau, j'ai peur de mourir. Alors que, pourtant, cela devrait être si facile. Il n'y a pas trente-six solutions : je dois manger et être heureuse !

Oui, mais voilà. Ce n'est pas si simple. J'ai beau faire un petit effort le jour suivant, je sais que je ne me nourris pas assez. Et le fait de me retrouver confrontée à des buffets immenses n'arrange rien.

Au contraire, je suis terrorisée devant cette abondance de nourriture. Tout me fait envie et me dégoûte en même temps. Quelques semaines plus tôt, je me serais servie de tout ce que j'aurais trouvé appétissant, me serais éclipsée aux toilettes et n'aurais plus pu regarder Cédric dans les yeux pendant le reste du repas. Mais je ne peux plus agir de la sorte. Et je me retrouve paralysée. Devant tous ces plats, ma tête se met à tourner, je tremble, j'ai du mal à tenir mon assiette que je finis inexorablement par recouvrir de crudités.

Un rêve

Un après-midi de pluie je m'assoupis
Après avoir subi la mélancolie

Le sommeil m'envahit peu à peu
Et là commence un rêve curieux
Le blanc cotonneux et le froid m'entourent
Je prends des chemins, fais des tours
Dans l'univers glacé où j'ai pénétré
Je suis perdue j'ai beau crier

Mais personne ne vient ni ne passe
Vide est ma conscience qui trépasse
Nul ne pourra plus me secourir
Je suis condamnée à toujours souffrir

Le froid est en train de me geler
Je sens des doigts glacés me caresser
Mon corps se convulse fortement
Et je reprends vie doucement

(Léa – avril 2001 – 16 ans)

Retour en France, chez mes parents. Je vais enfin pouvoir me peser. Je m'enferme dans la salle de bains, monte sur la balance électronique. Le verdict tombe : 37,5 kilos. Je suis prise de vertiges. Comment ai-je pu redescendre si bas ? Je viens de perdre quasiment 3 kilos en une semaine ! Mais voilà, comme d'habitude, devant ce chiffre, une partie de moi est toujours heureuse. Heureuse de se dire que ce n'est pas parce qu'elle ne vomit plus qu'elle grossira.

Je reprends péniblement un kilo avant la rentrée. Très péniblement. Manger m'angoisse de nouveau terriblement. Certains aliments, que je ne m'autorisais que durant les crises, me provoquent une peur panique. Je me rappelle avoir voulu préparer un gâteau durant ces vacances. La recette nécessitait 100 grammes de beurre. Après m'être résolue à ne mettre que la moitié de la quantité nécessaire, je fis fondre le beurre. Mais à la vue du liquide jaune et gras, je me tétanisai avant d'éclater en sanglots.

C'était plus fort que moi, je ne pouvais pas terminer la recette. Cédric entra dans la cuisine à ce moment. Il me calma puis termina le gâteau. Je m'en voulais tellement d'être incapable de faire une chose aussi simple ! Le pire, c'était que lorsque Cédric préparait des desserts, je savais qu'ils étaient bien plus riches que celui que je venais de faire et que ça ne m'empêchait pas de les déguster. Pourquoi n'arrivais-je pas à préparer de bonnes choses moi aussi ?

La semaine suivant cet épisode et à peine remise du voyage en Turquie, je pars en Allemagne huit jours pour accompagner des élèves dans le cadre d'un séjour linguistique. Je serai logée chez une jeune collègue allemande. Au début, j'appréhendais énormément ce séjour. Effectivement, quand on manque de s'évanouir à la vue d'une noisette de beurre, la perspective de se retrouver nez à nez avec une spécialité culinaire allemande n'a rien de réjouissant ! Surtout lorsque l'on ne connaît pas la langue du pays.

Finalement, après avoir pris contact avec la collègue par mail, je me fais moins de souci. Elle a pratiquement le même âge que moi et parle un français impeccable. Dès notre premier repas ensemble, nous évoquons nos problèmes avec la nourriture. Elle me dit de faire comme chez moi. Elle-même ne mange pas énormément et n'a pas l'habitude de préparer de gros repas. La semaine passe finalement assez vite entre cours en allemand (langue que je n'ai jamais pratiquée !), visite de villes et de monuments avec les élèves et sorties avec les amies de mon hôte.

Les journées sont très enrichissantes – j'ai la chance de découvrir un pays que je ne connais pas dans les meilleures conditions qui soient et les instants passés avec les élèves sont riches d'enseignement – mais aussi extrêmement éprouvantes.

Je mange peu et le fait d'être entourée de gens dont je ne comprends pas la langue finit par m'ennuyer et surtout m'épuiser. Je n'ai qu'une envie, rentrer. Plus les jours passent, plus Cédric me manque.

En outre, je sens que je suis en train de retomber dans le terrible engrenage de l'anorexie. Effectivement, je n'ai eu qu'une petite dizaine de jours pour me remettre du voyage en Turquie avant de me retrouver de nouveau confrontée à une situation que je ne maîtrise pas.

Le seul moyen de me rassurer est, paradoxalement, le fait de me retenir de manger. Résultat des courses : je n'avale rien d'autre qu'un thé le matin, quelques crudités le midi et un maigre repas le soir avec mon hôte suivi d'une part de dessert.

Et plus les jours passent, plus la nourriture me fait peur, voire me dégoûte… Il faut absolument que le séjour se termine rapidement, que je puisse enfin reprendre mes habitudes pour endiguer la chute infernale. Mais moins je me nourris et plus j'appréhende le retour à la maison, car je sais aussi pertinemment que Cédric me forcera à manger, ne souhaitant pas risquer de me voir hospitaliser de nouveau.

De retour à la maison, je constate que j'ai pratiquement reperdu le kilo gagné avant l'Allemagne. Je décide donc, malgré mes craintes, de me reprendre en main. Dorénavant, je dois reprendre un rythme de repas correct, matin, midi et soir. Si le repas du soir et les deux biscottes du matin étaient devenus une institution, le repas du midi fut plus compliqué à réintégrer.

En fait, jusqu'au mois de janvier, je mangeais sans problème le midi puisque je savais que j'allais me faire vomir à un moment ou un autre de la semaine, ce qui me permettait de maintenir un poids stable. Mais maintenant que je ne vomissais plus, j'avais une peur panique de prendre une dizaine de kilos en un mois ! Je réintégrai donc, difficilement, un petit morceau de viande, une bonne cuillère à soupe de féculents et la même quantité de légumes. À peine 50 grammes de chaque en fait. Mais rien que ce maigre repas me provoquait des maux de ventre phénoménaux à tel point que j'avais l'impression de ne toujours pas avoir digéré le soir venu. Aujourd'hui encore, cette sensation persiste, surtout les jours de stress. La vue de mon assiette aussi me nouait l'estomac. J'avais toujours l'impression qu'elle était trop grosse pour moi. Le week-end venu, je me pesais. Voyant que je prenais très peu de poids, j'augmentai les doses d'une dizaine de grammes. Je procédai de la même manière tous les week-ends jusqu'à arriver à 100 grammes de chaque famille d'aliments. Je pus alors constater que manger ne signifiait pas forcément prendre du poids !

Or, cette prise de poids était devenue mon objectif principal. Effectivement, les semaines passaient et, depuis mon arrêt de la pilule, mes règles n'apparaissaient pas. Je me doutais bien que mon poids, trop faible, y était pour quelque chose. Au même moment, deux amies de lycée m'apprenaient qu'elles attendaient leur deuxième enfant.

Bien que je sois ravie pour elle, j'éprouvais une immense tristesse de ne pas pouvoir, moi aussi, leur annoncer une bonne nouvelle. À partir de là, le désir d'être mère m'envahit complètement. Je passais mes journées à ne penser qu'à cela.

Mais rien n'y faisait, mes règles n'apparaissaient pas. Je pris donc rendez-vous chez le gynécologue qui me dit simplement que je devais grossir, qui me prescrivit une prise de sang et un traitement.

Quand je lui demandai ce qu'étaient ces médicaments, il me répondit froidement : « Que voulez-vous que ce soit, des hormones. »

Je réussis à contenir mes larmes avant de sortir du cabinet. Mais une fois à l'extérieur, je pleurai durant des heures. Durant des jours, je fus inconsolable. J'étais stérile. Complètement stérile ! Alors que je commençais enfin à me sentir un peu mieux, cette saloperie de maladie venait de nouveau me tourmenter. Ce n'est pas les résultats de la prise de sang qui améliorèrent mon moral. Mes taux d'hormones étaient semblables à ceux d'une enfant pré-pubère. Cédric tenta de me calmer pendant deux heures. Mais, folle de chagrin, je finis par composer le numéro que m'avait confié mon psychiatre en cas d'urgence à la suite des événements du mois de janvier. Je savais bien qu'il ne pourrait rien faire pour moi, mais je sentis que je devais l'appeler.

Il me répondit immédiatement et tenta de me rassurer. Il me demanda de lui donner les résultats des analyses afin qu'il contacte un gynécologue pour obtenir des renseignements. À peine dix minutes plus tard, il me rappela et m'expliqua ce qu'il en était.

En résumé, il n'y avait rien de catastrophique. Mais le taux d'hormones ne pourrait effectivement remonter qu'avec une prise de poids. Combien de kilos et combien de temps ça prendrait, il était incapable de le dire. Tout n'était pas perdu. Mais il faudrait du temps. Il me donna rendez-vous la semaine suivante.

Le simple fait de lui avoir parlé m'avait calmée mais ne m'avait pas rassurée pour autant. Il faudrait attendre. Et je ne savais pas combien de temps. Et le fait de n'avoir aucun contrôle sur la situation me laissait complètement désemparée.

Cette même semaine du début du mois de juin, j'appris que ma collègue – qui avait arrêté la pilule en même temps que moi – était enceinte. Inutile d'expliquer comment je reçus cette nouvelle. Me rendre au collège et la voir était une véritable torture. Moi qui voulais essayer de ne plus penser à cette histoire de grossesse, je me retrouvais en face de ce que j'aurais dû être si je n'avais pas été malade.

Plusieurs fois, je dus sortir de la salle des profs en la voyant arriver. Je ne lui en voulais pas. Non. J'étais même heureuse pour elle, sincèrement. C'est l'idée, le concept de maternité – concept qui devrait, pour moi, rester à l'état de concept pendant je ne sais combien de temps – inaccessible et sans cesse sous mes yeux qui me torturait. Je dus paraître bien taciturne à mes collègues durant tout ce mois de juin. Je passais les quarante minutes du trajet matinal à me dire que je ne serais peut-être jamais enceinte. J'attendais la sonnerie marquant le début des cours, assise à la table de la salle des profs, le regard dans le vide. Faire classe ou suivre une discussion me demandaient un effort quasi surhumain.

Les heures de cours défilaient sans que je m'en rende particulièrement compte ou alors, à l'inverse, paraissaient interminables. Le midi, j'avalais le repas préparé chez moi la veille sans faim, une boule au ventre. Les cours reprenaient puis, à la fin de la journée, je passais une bonne partie du trajet du retour à pleurer.

Heureusement, les vacances se profilaient et j'allais pouvoir me changer les idées. Juste avant la pause estivale, j'avais quand même pris rendez-vous avec une autre gynécologue. Celle-ci m'expliqua en détail ce qui clochait et me prescrivit le même traitement que celui que je n'avais pas pris un mois et demi plus tôt. Ce traitement avait pour but de provoquer des règles chimiques pour me rassurer. Malheureusement, ce qui devait me rassurer provoqua l'effet inverse puisque le traitement n'eut aucun effet ; cette absence de résultat me plongea, une fois de plus, dans un profond désarroi.

XXXI

« Dans ses moments de faiblesse, il l'entendait, du plus profond de lui-même, grommeler en multipliant les efforts pour se libérer, pour renaître. Parfois aussi, surtout dans l'abandon du sommeil, il avait l'impression que Hyde cherchait à le chasser du monde des vivants. »

(Stevenson)

Été 2012

Mon poids remonte tranquillement et je commence à prendre conscience que manger ne signifie pas grossir. Je suis encore maigre même si je ne me perçois pas du tout comme telle. Après toutes ces années passées en sous-poids, je souffre de dysmorphophobie, un mot barbare pour signifier que je ne me vois pas telle que je suis réellement.

À 41 kilos à peine, je me considère telle que si j'en pesais une petite dizaine de plus. Je me trouve donc parfaitement « normale ».

Difficile dans ces conditions de se dire que reprendre du poids est une nécessité. Surtout que mon état de santé général s'est beaucoup amélioré ces derniers temps. Je ne suis plus essoufflée au moindre effort, je n'attrape plus tous les virus qui passent… je me sens bien mieux ! Bien sûr, Cédric est là pour me dire que je suis toujours trop maigre, et je le crois, puisque la balance et l'IMC me le confirment aussi. Mais malgré tout, au fond de moi, je me trouve parfaitement « normale ».

Les seuls moments où je me rends véritablement compte de ma maigreur sont les séances shopping. La maladie ne m'a jamais retiré ma féminité, et, comme nombre de femmes, j'aime faire les boutiques et essayer de nouveaux vêtements. Néanmoins, ces essayages me sont de plus en plus difficiles à supporter ; en ce qui concerne les pantalons surtout.

En effet, à chaque fois, le même phénomène se reproduit. Je commence par rechercher la plus petite taille du magasin. Lorsque j'ai enfin trouvé, je pars enfiler le jean dans une cabine. Et là, la quasi-totalité des fois, je manque de m'effondrer en larmes. Je nage littéralement dans un pantalon qui semble trois fois trop grand pour moi.

Je ne comprends pas puis je réalise l'ampleur du désastre : je suis horriblement maigre, rien ne me va. Il est évident que plus les années passent, moins j'ose pénétrer dans une cabine d'essayage. Je revêts indéfiniment les mêmes pantalons ou m'achète seulement des robes, ces dernières ne me faisant pas remarquer de manière si flagrante mon triste état. Dire qu'un ou deux ans auparavant, cherchant désespérément un short à ma taille en Italie je dus me rabattre dans un magasin pour enfants et acheter une taille 12 ans avec un élastique ! Imaginez mon désarroi à l'époque… Évidemment, le moral n'étant jamais bon à la sortie des boutiques, j'évite autant que faire se peut de me confronter à moi-même.

Mais si les heures suivant l'essayage, je conserve encore le souvenir de ma maigreur, celui-ci s'efface bien vite pour laisser de nouveau place à l'image illusoire que je me fais de moi-même.

La malheureuse expérience des magasins se renouvelle donc toujours, à intervalles de plus en plus espacés, certes, mais revient inexorablement me traumatiser à un moment ou un autre.

Je mange donc mieux et de manière régulière. Toutefois, certains aliments me font encore peur. Mais ça ne m'empêche pas de sortir et de profiter des multiples barbecues organisés chez des amis. Je suis désormais bien plus sereine vis-à-vis des invitations.

Je me souviens que l'année précédente, des crises d'angoisse me paralysaient toute la journée lorsque nous étions invités le soir. Une fois même, la panique me submergea tellement pendant l'apéritif que nous dûmes quitter nos hôtes avant le dîner. Mais tout cela est fini. Mi-juillet arrive. Nous partons en vacances avec Cédric. Destination : la Toscane.

Auparavant, nous nous arrêtons deux jours en Savoie. Nous profitons du studio de ses grands-parents pour effectuer une pause dans notre trajet et respirer le bon air de la montagne. Les randonnées en pleine nature me font un bien fou même si je sens que mon corps n'a plus l'habitude de fournir autant d'efforts. C'est d'ailleurs très étrange. Depuis quelques mois, je me sens extrêmement fatiguée. Je ne comprends pas bien pourquoi puisque, désormais, je m'alimente normalement. Tandis qu'avant, quand je ne mangeais pas ou faisais des crises à longueur de journée, j'étais infatigable. Je me souviens encore de notre voyage en Italie deux ans auparavant.

Nous étions à Vérone, il faisait plus de 40 °C à l'ombre. Je n'avais en tout et pour tout bu qu'une bouteille de coca light dans la journée.

Malgré tout, inépuisable, j'arpentais les rues à une vitesse folle à tel point que Cédric peinait à me suivre et me forçait à ralentir ou à m'asseoir. Je ne parviens toujours pas à savoir où je pouvais bien puiser toute cette énergie.

Nous avions, à l'époque, visité Venise de la même façon. Nous sortions de l'hôtel le matin après un petit déjeuner succinct pour ma part. Nous déambulions ensuite dans les rues pendant des heures sous une chaleur harassante.

En début d'après-midi, Cédric s'achetait de quoi se restaurer. De mon côté, je ne ressentais même plus la faim, l'excitation due aux visites, le fait de ne pas me reposer et la chaleur semblaient me couper l'appétit. Après une pause de quelques minutes, nous repartions à la découverte de la ville jusqu'au soir.

J'acceptais à ce moment de m'asseoir à la terrasse d'un restaurant et de profiter de mon repas la conscience tranquille, en me disant que le fait d'avoir jeûné et marché toute la journée m'autorisait enfin à manger quelque chose d'appétissant. Lorsque je repense à tout cela, je me dis – et m'en veux ! – de ne pas avoir pu et su profiter de ces instants italiens. Je me console en me disant que nous retournerons sans doute à Venise avec Cédric et que j'apprécierai ce voyage comme une victoire sur mon passé.

Pourtant, je garderai néanmoins intacts ces quelques jours passés à Venise et plus particulièrement la visite du palais des Doges. Je me revois pénétrer dans ce lieu chargé d'histoire comme si c'était hier. La cour intérieure est tout simplement grandiose.

Tous les murs sculptés, ornés de bas-reliefs constituent des œuvres d'art à mes yeux. J'ai le souffle coupé face à tant de faste : statues, marbres, bronzes, dorures… tant de luxe m'impressionne.

Nous empruntons la Scala d'Oro pour accéder à l'intérieur du palais. Des fresques de grands maîtres et de l'or recouvrent le plafond. Nous gravissons des marches de marbre avant de pénétrer dans le couloir menant aux premières salles.

Déjà, je me sens mal. J'éprouve d'étranges sensations, comme si tout ce qui m'entourait était trop beau, comme si tant de beauté allait m'écraser. Nous traversons et admirons chaque salle.

Mais rapidement, mon mal-être s'aggrave. Je suis prise de vertiges à force de voir tant de richesses recouvrir chaque recoin de chaque pièce. J'ai l'impression de ressentir chaque parcelle de chaque détail de toutes les œuvres qui m'entourent si intensément que cela me rend malade. Après deux heures de visite, je suis complètement épuisée mais si remplie de toute cette beauté que je juge inutile de me nourrir.

Il est temps de clore cette digression pour revenir au présent. Pour la seconde fois, nous décidons de passer nos vacances en Italie. Nous arrivons en Toscane. Nous avons loué un petit studio, au milieu de la campagne, entre Pise et Florence.

Nous passons nos journées à nous balader aussi bien dans les centres historiques que dans les petits villages pittoresques.

Aujourd'hui, je ne suis plus du tout en mesure de dépenser autant d'énergie que lors de notre premier voyage. J'arrive même à peine à concevoir l'idée de marcher toute une journée en plein soleil !

Pour ce qui est des repas, je mange, certes, un peu moins que d'habitude mais je suis fière de moi, fière de pouvoir déguster une glace en plein milieu de l'après-midi, fière de manger une énorme pizza pour le déjeuner. Je suis heureuse de profiter de ces vacances sans trop me poser de question vis-à-vis de la nourriture.

Le fait d'avoir loué un studio facilite aussi les choses car nous ne sommes pas obligés de manger sans cesse au restaurant ou de devoir chercher quelque chose de rapide tous les midis. Nous profitons, le soir, de la terrasse avec vue sur la campagne toscane pour déguster de la charcuterie et du fromage italiens accompagnés de bon vin. Dans ces moments, je me sens juste bien, je ne me pose plus aucune question. Je suis en vie, je savoure pleinement l'instant présent. Avec Cédric, nous évoquons l'avenir, nos projets communs. J'ai enfin l'impression, le sentiment que la vie s'ouvre à moi.

Évidemment, tout n'a pas été rose durant le séjour et j'ai dû faire face à une terrible crise d'angoisse, le deuxième jour, à Florence. Il était presque 14 heures, il faisait très chaud. J'avais eu faim vers midi mais nous nous étions éloignés du centre surpeuplé et n'avions pas cherché à manger.

À 14 heures, je n'avais plus faim mais je savais que nous devrions nous restaurer. Mais là, j'ai paniqué. La perspective de devoir avaler la moindre bouchée d'une pizza ou même d'un fruit m'angoissait. Le pire, c'est que je ne connaissais même pas la raison de cette peur subite. J'ai pleuré. Des pleurs d'angoisse mais aussi de colère contre ma façon de réagir, contre cette réaction stupide que je ne maîtrisais pas, contre le fait de gâcher une fois de plus la journée de Cédric et toutes nos vacances. Je finis cependant par me calmer et par avaler un petit morceau de pizza. Fort heureusement, le reste des vacances s'est déroulé sans encombre.

Le séjour en Toscane se termine et nous devons rejoindre mes parents dans le sud de la France. J'appréhende moins ce moment qu'il y a trois ans. Mes parents savent que je fais des efforts. J'ai mis les choses à plat avec eux ; depuis, la situation est beaucoup plus simple.

Ces quelques jours en famille se déroulent sans heurts. Deux soirs de suite, nous nous rendons au restaurant afin de fêter une énième fois l'anniversaire de mon frère et son obtention du bac avec mention très bien.

Deux soirs de suite, nous partons nous balader seuls, avec Cédric, et je fonds en larmes. Je m'en veux encore et toujours de ne pas être capable de profiter tranquillement d'un bon repas en famille, de ne pas être capable de choisir ce qui me ferait réellement envie sur la carte et d'être complètement paniquée à la vue d'une assiette que je juge toujours trop conséquente pour moi. Je m'en veux aussi car je sais que je dois prendre du poids pour mener à bien ce projet de maternité alors que voir s'afficher ne serait-ce que 100 grammes supplémentaires sur le cadran de la balance reste encore une épreuve.

Pire, je suis toujours heureuse et soulagée de voir mon poids diminuer. C'est comme si, à l'intérieur de mon cerveau, un peu à la manière de *Dr Jekyll et Mr Hyde*, deux parties de moi se livraient un combat permanent. La partie objective, cartésienne, m'encourage à prendre du poids et est heureuse dès que c'est le cas, l'autre, la partie malade, me pousse à en perdre. Ce tiraillement incessant, qui ne me laisse quasiment aucun répit, me pompe une énergie folle et m'empêche d'atteindre plus rapidement mes objectifs.

XXXII

Vide

Vide est mon esprit
En ce jour d'oubli
J'ai envie d'écrire
Mais que puis-je dire

Mon âme se jette dans les fonds ténébreux
En rêve j'aspire à des matins plus heureux

Je ne veux plus écrire
Car je ne sais dire
Ma vie est un oubli
Car vide est mon esprit

(Léa – mai 2001 – 16 ans)

Août 2012

Le mois d'août s'écoule rapidement, entre un long week-end du côté d'Angers, des visites à nos familles, à mes amies qui viennent d'accoucher et les préparations de cours pour la rentrée. Le fait de voir mes amies, heureuses avec leurs bébés, ravive mon désir de maternité. Mais je tente de l'étouffer, je ne souhaite plus me rendre malheureuse inutilement et me dis qu'avec le temps mon corps finira par être capable de supporter une grossesse.

Finalement, je suis assez pressée de reprendre le chemin du collège. Je finissais par m'ennuyer en vacances.

Et puis, j'adore l'exaltation de la rentrée, le fait d'avoir des tas de choses auxquelles penser me donne le sentiment d'exister pleinement, de me sentir utile.

Malheureusement, toute cette excitation se dissipe bien vite. Après tout, j'en suis déjà à ma sixième rentrée, et, pour la troisième fois consécutive, je me retrouve professeure principale d'une classe de 6e. Je commence à être rodée !

Le premier week-end arrive déjà. Comme l'an passé, je ne travaille pas le vendredi. Sauf que l'an dernier, Cédric aussi était en week-end plus tôt ; pas cette année. Je vais donc me retrouver seule toute la journée. Et puis, j'avais demandé à être libérée le vendredi pour me rendre facilement à mes rendez-vous chez le psychiatre.

Manque de chance, j'apprends que ses jours de rendez-vous ont été modifiés, qu'il consulte ailleurs le vendredi et que je ne pourrai pas obtenir de consultation avant le mois de novembre. Bref, à peine suis-je en week-end qu'une question me taraude : que vais-je bien pouvoir faire pendant ces trois jours ?

Ce premier week-end me paraît durer une éternité. J'erre dans la maison, l'esprit vide. Impossible de me lancer dans quoi que ce soit, rien ne me vient à l'esprit. Je sais que je pourrais préparer des cours, lire ou même m'occuper de la maison mais rien ne me motive. En rentrant du travail, Cédric me parle des travaux qu'il a effectués pour agrandir la maison. Effectivement, quelques jours auparavant, il a cassé la cloison entre les deux parties de l'étage, révélant ainsi quatre pièces supplémentaires.

Je dois bien avouer que, ne pouvant constater l'avancée des travaux, je ne m'attendais pas à ce que tout cela soit sur le point d'être terminé. Il me dit alors que nous pourrions profiter du samedi pour aller acheter de la peinture, du parquet et des carreaux de faïence pour la salle de bains.

J'approuve mais ne me sens aucunement concernée. Je sais qu'il compte sur moi pour la partie décoration mais je suis incapable de me projeter, de m'imaginer vivre dans cette autre partie de la maison.

Nous passons donc notre samedi après-midi dans les magasins de bricolage. Je reste plantée d'interminables minutes devant les échantillons de carrelage et de peinture sans pouvoir dire si l'un me plaît davantage que l'autre. En fait, j'ai l'impression d'être ailleurs, dénuée d'émotions, comme extérieure à mon corps.

Je ne parviens pas à m'intéresser à ce que je pourrais avoir sous les yeux durant les années à venir. Je n'en ai rien à faire. Il pourrait bien avoir l'idée de peindre la chambre en rose fluo que je n'y verrais pas d'inconvénients ! Après plus de trois heures à arpenter les rayons, je finis par me décider pour de la faïence noire et blanche pour la salle de bains. Avec de tels basiques, je suis certaine de ne commettre aucune faute de goût. Et vu que je n'ai rien remarqué qui me plaise vraiment, j'ai au moins trouvé quelque chose qui ne me déplaît pas.

Nous remettons le choix de la peinture à plus tard. Sur le chemin du retour, je craque. Je ne comprends pas pourquoi je n'arrive pas à m'impliquer un minimum, pourquoi j'ai l'impression de vivre dans une sorte de monde parallèle. Cédric ne sait pas quoi répondre, lui non plus ne comprend pas.

En y réfléchissant, je sais maintenant pourquoi il m'était impossible de me projeter dans cette extension de la maison. Ces travaux d'agrandissement étaient, entre autres, prévus dans l'attente d'un enfant. Or, le fait de savoir que cet enfant ne serait sans doute pas là avant des mois, voire des années, voire jamais, m'empêchait totalement de m'imaginer occuper ces pièces supplémentaires.

Le dimanche fut pire encore. Je passai mon temps à attendre le soir. Les minutes semblaient prendre un malin plaisir à ne pas vouloir s'écouler. J'avais la nette impression que le temps se distendait pour prolonger ma souffrance. Je me sentais complètement vide. Et rien, absolument rien, ne semblait pouvoir venir combler le trou béant de ma conscience.

Retourner au collège le lundi matin fut une véritable joie, je me sentais à nouveau vivante. Mais dès mon retour à la maison, la sensation de vide refit son apparition. Il en fut ainsi toute la semaine. Et plus les jours passaient, plus cet état empirait.

Même en classe, j'avais l'impression d'être ailleurs, le sentiment qu'une autre personne que moi parlait aux élèves. Cette étrange sensation est assez difficile à exprimer. Je me sentais comme dédoublée, comme si je m'étais finalement détachée de ce corps matériel. Sauf que mon esprit n'était pas libre, il stagnait dans des espèces de limbes desquelles il ne pouvait se soustraire.

Le second week-end fut plus terrible encore que le premier. Cédric commençait sérieusement à s'inquiéter de me voir ainsi errer, le regard dans le vide. Il avait beau me parler, je ne parvenais pas à fixer mon attention sur le sens de ses paroles.

Les mots résonnaient dans ma tête, vides de sens, comme si mon cerveau était devenu incapable de raisonner. Je pleurais, je ne comprenais pas pourquoi, alors que j'avais tout pour être heureuse, je me sentais vide à ce point. Et plus les heures passaient, plus j'avais peur de perdre l'être qui comptait le plus à mes yeux, plus j'avais peur d'être abandonnée.

Le lundi midi, alors que je ne me sentais pas mieux, je profitai de la récréation pour m'enfermer dans ma salle de cours et téléphoner au psychiatre. J'avais passé la nuit à me demander si c'était vraiment nécessaire de le déranger pour si peu.

Certes, il m'avait donné son numéro en me stipulant que je pouvais le contacter à n'importe quel moment.

Toutefois, je ne voulais pas qu'il perde son temps pour moi. Je pris quand même la résolution de l'appeler. Quand il décrocha, je tentai de lui expliquer le problème, d'une voix tremblante. Il me donna rendez-vous pour le lendemain, après le travail.

Lors de cet entretien, nous abordâmes les notions de vide et d'abandon, qui lui apparaissaient comme les points centraux du problème.

À la fin, il me proposa de venir le voir tous les vendredis après-midis. J'acceptai. Cette proposition me rassura. Le vendredi aurait une raison d'être.

XXXIII

Septembre 2012

Je retournai donc voir le docteur Ceylon le vendredi de la même semaine. Au début de l'entretien, il me tendit le premier tome d'un livre dont il m'avait parlé lors d'une précédente séance. Nous parlâmes ensuite de différents sujets.

À peine rentrée chez moi, j'ouvris le livre. Je ne le refermai que trois heures plus tard, étonnée que le temps se soit si vite écoulé. Je passai mon week-end à lire… et à écrire. Subitement, je m'étais rappelé que quelques années auparavant, Peter m'avait poussée à rédiger mon histoire, pour exorciser en quelque sorte.

J'avais alors commencé, et bien vite renoncé. Comment raconter sa guérison alors qu'on se trouve encore complètement engluée dans la maladie ? Comment exprimer des sentiments sur sa propre personne quand votre esprit et votre corps errent, perdus, dans des limbes opaques, entre la vie et la mort ? Mais désormais, je pouvais écrire, je pouvais raconter, sans fioritures, les choses telles qu'elles s'étaient passées. Désormais, je peux combler ce vide et tenter de mettre un point final à toutes ces années passées dans les enfers d'une maladie dont je ne veux plus.

De toute façon, cette maladie n'en est pas vraiment une. La maigreur, les vomissements n'étaient que les symptômes d'un trouble plus profond qui me gangrène depuis le plus jeune âge.

En me remémorant chaque épisode relaté ici et bien d'autres, j'ai compris que je ne suis pas subitement tombée malade du jour au lendemain après l'obtention de mon bac.

Le mal est simplement devenu visible. Il me fallait un moyen de m'exprimer pour vivre. Comme je ne pouvais pas le mettre en mots, mon corps a pris le relais. Lui dont j'avais à tel point voulu me séparer m'avait en réalité servi de porte-parole.

Je devais me mettre en colère, je devais me révolter contre mes parents, contre ma mère, faire cette crise d'adolescence qui n'avait jamais eu lieu. Mais quel moyen de révolte plus violent que d'offrir à ses parents la vision du corps de leur enfant en miettes ? Quelle plus grande violence peut-on infliger à une mère que l'impuissance de sauver sa fille ? Je n'en avais pas conscience à l'époque.

Cela est tout récent. Je viens enfin de comprendre pourquoi cela est arrivé. La crise est terminée maintenant. Le temps de la révolte est révolu. Je peux faire la paix avec les autres, avec moi-même.

XXXIV

« Il me semble parfois que mon sang coule à flots
Ainsi qu'une fontaine aux rythmiques sanglots.
Je l'entends bien qui coule avec un long murmure,
Mais je me tâte en vain pour trouver la blessure. »

(BAUDELAIRE)

Mars 2013

Voilà quelques mois maintenant que je me rends chaque vendredi après-midi ou presque au rendez-vous avec mon psychiatre. De nombreuses choses enfouies très profondément en moi font peu à peu surface et tout n'est pas facile à accepter.

Depuis deux semaines, je ne ferme quasiment plus l'œil de la nuit. Malgré la fatigue, dès que je m'allonge, je sais que je ne parviendrai pas à trouver le sommeil. Ce n'est certes pas la première fois que ça m'arrive.

L'an dernier, à la même époque, ma période d'insomnie s'était soldée par l'arrêt définitif des crises. Aujourd'hui, c'est un peu différent. J'ai des visions. Dès que mes paupières se closent je me vois, étendue sur un fleuve de sang. Ce sang est le mien, il sort de ma poitrine. Mon corps est emporté lentement par le courant. Mes yeux sont fermés, j'ai l'air paisible. Une autre partie de moi est sur la rive. Affolée, elle veut ramener le corps qui saigne sur le rivage. Mais elle ne peut rien faire, c'est comme si elle était bloquée derrière une vitre, condamnée à regarder cette partie d'elle-même emportée dans ce fleuve de sang.

Comment trouver le sommeil dès lors que je sais que je devrai faire face à ces visions ? La fatigue s'accumule, je suis à bout de nerfs. Les journées de travail sont épuisantes mais je ne veux pas m'arrêter, je ne veux pas risquer de me retrouver face à moi-même, dans un tel état de trouble.

Pourtant, un samedi, alors que Cédric doit se rendre à un match de ping-pong, je dois passer une bonne partie de l'après-midi et toute la soirée seule.

Je tente de me plonger dans un livre, mais rien n'y fait, mes yeux ne font qu'effleurer les lignes et les mots font place aux visions sanglantes.

Il me faut trouver un moyen d'y mettre un terme, un moyen de pouvoir retrouver le sommeil. Je me dirige dans la cuisine et me saisis d'un cutter oublié par Cédric posé sur le bar.

Je retire la lame du support en plastique et l'approche de ma main gauche. Je sens comme une chaleur m'envahir, sans doute l'adrénaline.

Lentement, j'entreprends l'exécution d'une entaille sur le dos de ma main. Le sang commence à couler légèrement. Je ressens une faible douleur mais rien de dramatique. Comme le sang ne coule pas suffisamment à mon goût, je réitère l'opération en traçant une coupure parallèle à quelques millimètres de la précédente. Maintenant, une douleur plus intense m'envahit.

Je prends conscience de mon acte, j'ai l'impression que je vais m'évanouir. Je me dirige d'un pas tremblant vers le canapé.

Mes jambes ne me soutiennent plus. Je ne dois pas perdre connaissance, je dois rester consciente.

J'essuie le sang sur ma main. J'ai envie de vomir et me mets à pleurer. La douleur s'est effacée mais une chose est certaine : je suis en vie, les sinistres visions vont disparaître et je pourrai de nouveau dormir.

XXXV

Été 2013

Nouvel été. Je suis heureuse d'être enfin en vacances. Comment ai-je pu détester cela toutes ces années ? Je sens que je ne vais pas voir le temps passer. J'ai une bonne douzaine de livres à lire. Et autant d'articles à rédiger pour alimenter le blog créé il y a huit mois.

Dans moins d'une semaine, nous partons en week-end en Alsace avec Cédric puis nous ferons une escale chez mes parents pour souhaiter son anniversaire à mon petit frère. Ensuite, nous reviendrons quelques jours à la maison pour assister au mariage d'amis avant de prendre la route pour la côte atlantique et les Pyrénées espagnoles. Étrangement, rien de tout cela ne m'inquiète. Mieux, ça me réjouit ! Enfin, si, je redoute un peu l'escale chez mes parents. Mais je préfère ne pas y songer pour l'instant et m'allonger sur un transat pour poursuivre ma lecture.

« Dis, chéri…

— Oui. Qu'est-ce qu'il y a ?

— Ça fait longtemps qu'on marche là, non ?

— Heu, oui, une bonne heure, mais, ça va, je peux continuer.

— Tu ne voudrais pas qu'on s'assoie un peu ?

— Si tu veux.

— J'ai un peu faim. Ça te dirait qu'on s'achète un petit kouglof et d'en manger un morceau avec moi ? Parce qu'on ne va pas repartir d'Alsace sans avoir goûté au kouglof quand même…

— J'en serais ravi. Mais t'es sûre que ça va ? Tu veux t'arrêter, tu veux manger… T'es malade ?

— Oh que non ! Je me sens on ne peut mieux ! »

XXXVI

« — [...] nous allons manger [l'aigle] ... [...],
dit Prométhée : vous ne m'avez
donc pas regardé ? De son temps est-ce
que j'osais rire ? N'étais-je pas maigre affreusement ?
[...] Il me mangeait depuis assez longtemps : j'ai trouvé
que c'était mon tour. [...] Quand je l'interrogeais,
il ne répondait rien... Mais je le mange sans rancune :
s'il m'eût moins fait souffrir il eût été moins gras ;
moins gras il eût été moins délectable. »

(GIDE)

Fin 2013

Aujourd'hui, la nourriture reste encore un point compliqué. Mais je sais qu'il ne s'agit pas du vrai problème et, au fond, cela me rassure. Évidemment, je ne suis pas soulagée d'abriter en moi un mal sans doute plus profond.

Mais je me dis que je ne me réduis pas à une question de bouffe. Je ne sais pas vraiment quand je pourrai cesser de penser à toutes ces histoires de calories ou plutôt de quantités, mais j'ai la certitude que je finirai par me défaire de ces obsessions.

Aujourd'hui, je pèse donc toujours quasiment au gramme près chaque aliment pour concocter la gamelle que j'emporte au travail le midi. Par contre, lorsque je mange à la maison, je parviens à me servir une portion correcte sans avoir recours à la balance et même à me resservir.

Varier mon repas du soir reste encore une épreuve, mais elle devient de moins en moins insurmontable. Je parviens même à manger quelque chose d'imprévu entre les repas, simplement parce que j'ai faim ou que j'en ai envie.

Bien sûr, la portion peut sembler ridicule, mais symboliquement, c'est très important pour moi. Je ne crains plus non plus de faire des gâteaux avec du beurre ni de casser des œufs ! Je ne prends plus de laxatifs depuis l'été dernier. Je ne me mens plus à moi-même. Je n'angoisse plus lorsque je suis invitée chez des collègues.

Mieux, je parviens à me réjouir de passer un bon moment avec mes amis. Par contre, j'avoue qu'une invitation qui me prend au dépourvu le jour même ou l'idée de devoir manger un morceau de quiche ou de saucisse me paniquent toujours.

Mais je parviens à dédramatiser en me disant qu'on peut très bien vivre sans avaler ces aliments, que je peux profiter d'une vraie vie sociale en m'en passant et que les gens ont mieux à faire que scruter le bout de ma fourchette. Je n'ai plus peur de refuser de la nourriture ou d'en laisser dans mon assiette. J'ai enfin compris que je ne me nourrissais pas pour faire plaisir aux autres. J'ai également réussi à reprendre goût et plaisir à table. Je profite désormais de chaque saveur comme si je les redécouvrais continuellement pour la première fois et j'adore ça. J'apprends à déguster des ingrédients que j'avais encore peur d'utiliser il y a seulement quelques mois : un filet d'huile d'olive sur ma salade, une noisette de beurre et un peu de parmesan dans mes pâtes, une cuillerée de crème avec des champignons... Toutes ces petites choses qui font que l'acte de manger ne sert pas uniquement à vivre mais aussi et surtout à se faire plaisir.

Le poids aussi est encore un peu problématique. Bien que je me pèse beaucoup moins. Je ne suis plus esclave de ma balance même si je me fais encore violence pour ne pas m'en servir à chaque fois que je mets les pieds dans ma salle de bains.

Mais trois fois par semaine, lorsque je monte dessus, deux forces paradoxales s'affrontent toujours en moi. Je suis constamment déçue de voir mon poids stagner, heureuse de le voir chuter et affolée de prendre quelques centaines de grammes.

J'ai beau être parfaitement consciente que je reste trop mince, consciente que je dois prendre du poids pour espérer devenir mère, l'idée de grossir demeure compliquée à accepter.

J'ai d'ailleurs repris quelques kilos. Depuis bientôt deux ans, mon poids est en faible mais constante augmentation. Du coup, je peux de nouveau entrer dans une boutique de vêtements et avoir le plaisir d'essayer des pantalons à ma taille. Il s'agit certes d'une petite victoire, mais quel plaisir, vraiment, de sentir que je ne suis plus « trop » maigre, à ce niveau-là du moins. La prise de poids m'a aussi permis de retrouver des menstruations. Le traitement hormonal a finalement produit son effet. Je reste par contre sans doute encore trop peu solide pour donner la vie. Cela me rend triste mais je ne perds pas espoir.

Après tout, le problème n'a peut-être aucun rapport avec mon poids. Et puis, Cédric est là pour m'épauler, m'écouter, me rassurer. Nous passons des heures entières à parler. J'ai énormément pleuré ces derniers mois. C'est comme si j'avais besoin d'évacuer toutes ces années de silence émotionnel. Je me laisse aller à mes sentiments. Je ne cherche plus à dissimuler. J'ai compris que ça ne servait à rien.

Que ça ne faisait que blesser, les autres et moi-même. J'ai compris qu'il valait mieux déverser des paroles de ma bouche que de la nourriture. Je ne me cache plus la vérité. Je la vois peut-être parfois trop bien et ça me fait mal. La pleine conscience de mes actes et de mes pensées me fait certes passer par des états dépressifs intenses mais je préfère souffrir et savoir que continuer à fermer les yeux et me détruire. Je ne remercierai jamais assez Cédric pour avoir mené ce combat à mes côtés, mon combat qui est devenu le nôtre et qui nous a finalement soudés au lieu de nous détruire. Après cela, nous sommes prêts à tout affronter ensemble, surtout le bonheur !

Aujourd'hui, je peux de nouveau passer des heures à lire et à écrire. Mon esprit ne tourne plus sans cesse autour des questions de décomptes de calories ou de préparation de la prochaine crise. Je m'ennuie moins et me sens moins vide. La nourriture me fait moins peur. J'utilise volontairement le mot « moins » et pas le mot « plus ». Tout ne peut pas se régler en quelques mois. Je ne peux pas mettre une croix sur ces onze dernières années en claquant des doigts.

De toute façon, je ne le veux pas. Elles font partie de moi et m'ont, d'une certaine façon et paradoxalement, permis de me construire.

Lorsque je regarde derrière moi, je ne suis plus triste. Par contre, je suis encore en colère. En colère contre cette maladie qui m'a volé toutes ces années. En colère de ne pas être capable de me défaire de mécanismes qui m'empêchent toujours de vivre pleinement. En colère de poursuivre ces calculs perpétuels, moi qui déteste compter.

En colère de craindre chacune de mes visites à mes parents et chaque repas en leur compagnie. Car même si nous nous entendons très bien, que je suis sincèrement heureuse de les voir, je ne parviens toujours pas à manger sereinement en leur présence. Comme si je n'arrivais pas à vivre à leurs côtés.

Comme si un trop lourd secret ou de trop nombreux non-dits venaient peser sur mon estomac. En colère de savoir qu'à chaque fois que je vais les voir, la balance affichera certainement un kilo en moins à mon retour deux jours plus tard.

En colère de ne pas pouvoir profiter des rares moments passés avec eux sereinement.

En colère de me mettre parfois encore en leur présence à paniquer devant une tranche de jambon au point d'en avoir les larmes aux yeux et de vouloir me sauver en courant.

En colère de savoir que ce n'est pas la tranche de jambon le problème, que ça ne l'a jamais été, mais ce manque de véritable communication. En colère de ne pas être capable, alors que j'ai maintenant pleinement conscience des choses, de surpasser ces angoisses et de leur parler une bonne fois pour toutes. Je dois donc encore apprendre à dépasser cette colère et à regarder l'avenir. Je suis certaine, qu'un jour, je pourrai me rendre sereinement chez mes parents. Pour l'instant, je continue à me découvrir, à comprendre quels processus m'ont amenée à ces onze années si difficiles.

Tous les vendredis, les fils se dénouent. Les solutions m'apparaissent peu à peu. Grâce à l'analyse de mes rêves, je distingue certains aspects qui m'avaient échappé jusque-là. Finalement, je crois comprendre ce que le docteur Ceylon a voulu dire quand il m'a affirmé que je n'étais pas anorexique.

Il avait raison. Ce n'est pas qu'un problème de nourriture. C'est sans doute beaucoup plus compliqué que ça. Quelque chose d'ancré au plus profond de moi mais qui ne vient pas de moi. Inutile donc de me mettre en colère contre moi. Ce n'est pas moi la coupable.

On n'est jamais coupable d'être malade. Mais maintenant que j'en ai conscience, je peux enfin avancer et sortir vivante des limbes de la faim.

Renouveau

Et quand l'heure monotone parvient
Mon esprit vogue sur la mer houleuse.
Mais dans sa geôle, l'Ennui me retient
Et cette brume me rend malheureuse.

Hors de cette alcôve tombent les gouttes
De ce qu'on pourrait nommer Désespoir.
Décidée à un jour prendre la route,
Quitter pour toujours ce nuage noir.

Là-bas, je l'espère, tout ira bien
Désormais, ne me souvenir de rien
Car après la mort, je veux être libre.

Dans l'immensité du ciel et après
L'averse, une lumière apparaît,
C'est le début d'une nouvelle vie.

(Léa – 2000 – 15 ans)

Épilogue

Je me souviens que lorsque j'ai rencontré Cédric, j'avais tout juste 23 ans. Mon existence me paraissait à ce point dénuée de sens et mon corps était si délabré que je lui répétais sans cesse que je ne dépasserais jamais les 25 ans. Je disais cela très sérieusement. Je ne concevais pas vivre au-delà de cet âge.

Pour moi, le mot « projet » ne revêtait aucun sens. Le simple fait de me réveiller chaque matin m'étonnait et m'angoissait à la fois puisque je savais que la journée qui allait suivre serait la copie exacte de la précédente : un enfer. Les jours passaient, se ressemblaient, et j'étais persuadée que seule la mort pourrait me délivrer de ce cycle infernal.

Mais au final, c'est la vie qui l'a emporté. Et l'amour. Et l'espoir. Et la certitude, toujours présente au fond de moi, même dans les pires moments, que je m'en sortirais. Que je ne passerais pas toute ma vie à me faire vomir ni à calculer le nombre de calories avalées à chaque bouchée. Peut-être que j'aurai toujours un peu peur de manger dans certaines circonstances. Mais une chose est certaine, je n'ai plus peur de vivre.

Aujourd'hui, j'ai 29 ans et des projets plein la tête. Je fourmille d'idées. Je mène une vie parfaitement normale même si je déteste cette notion de « normalité ». Je ne suis peut-être pas guérie mais je ne me considère plus comme malade non plus. Je ne m'ennuie plus une seule seconde. J'ai même l'impression de courir après le temps.

Ce temps si précieux de ma vie, ces onze années entre parenthèses. Je ne pourrai plus le rattraper. Mais qu'importe. Je ne le laisserai plus s'échapper sans moi maintenant.

Remerciements

À mon éditeur, qui a cru en ce projet.

Aux personnes de confiance qui ont lu mon manuscrit et m'ont apporté leurs critiques constructives.

À mon psychiatre, pour sa disponibilité et pour avoir su trouver les mots justes qui m'ont fait renaître à moi-même.

À l'homme qui partage ma vie, qui n'a jamais douté d'un avenir meilleur même dans les moments les plus sombres.

Et à tous ceux qui, de près ou de loin, sans le savoir, m'ont permis de retrouver la saveur de la vie.

Bibliographie

Par ordre d'apparition :
Victor HUGO, « La vision de Dante », in *La Légende des siècles*
Louis ARAGON, « Il n'aurait fallu… », in *Le Roman inachevé*
Boris VIAN, *L'Arrache-cœur*
André GIDE, *Le Prométhée mal enchaîné*
Paul CLAUDEL, « Ténèbres »
Charles BAUDELAIRE, « Le goût du néant »,
in *Les Fleurs du mal*
Fiodor Mikhaïlovitch DOSTOÏEVSKI, *Le Joueur*
LAUTRÉAMONT, *Les Chants de Maldoror*
Victor HUGO, « La vision de Dante », in *La Légende des siècles*
LACAN, attribué à,
Arthur SCHNITZLER, *La Nouvelle rêvée*
Alphonse de LAMARTINE, « L'Automne »,
in *Les Méditations poétiques*
Stephan ZWEIG, *Le Joueur d'échecs*
Boris VIAN, « J'voudrais pas crever », in *J'voudrais pas crever*
Boris VIAN, *L'Herbe rouge*
PLATON, « Allégorie de la caverne », in *La République*
Louis ARAGON, « Il n'aurait fallu… », in *Le Roman inachevé*
Charles BAUDELAIRE, « Le goût du néant »,
in *Les Fleurs du mal*
Stephan ZWEIG, *Le Joueur d'échecs*
Haruki MURAKAMI, *Sommeil*
Boris VIAN, *L'Arrache-cœur*
Robert Louis STEVENSON, *Dr Jekyll et Mr Hyde*
Charles BAUDELAIRE, « La fontaine de sang »,
in *Les Fleurs du mal*
André GIDE, *Le Prométhée mal enchaîné*

Cent larmes, mille sourires

Chiara Pelossi-Angelucci

Dès le jour de sa naissance on diagnostique à Anna une malformation de l'œsophage. Sa mère n'a même pas le temps de la prendre dans ses bras que déjà on transfère le bébé en salle d'opération. Et les interventions vont s'enchaîner : pas moins de 70 en deux ans…
Comment la famille va-t-elle faire face à cette épreuve ? En souriant. Sans jamais se complaire dans la douleur et la peur. La gaieté est devenue pour eux, et leur entourage, le meilleur moyen de surmonter les difficultés.
Chiara et son mari ont progressivement élaboré leur « thérapie du sourire ». Ils chantent dans les services hospitaliers, organisent des fêtes pour le premier bain d'Anna ou pour sa première petite robe. Et, surtout, ils rient, tout le temps et quoi qu'il arrive. Un véritable message d'espoir. Une belle leçon de vie.

L'histoire vraie d'une guérison grâce à l'optimisme et à l'amour.

ISBN : 978-2-8246-0558-6